청년들을 위한
결혼생활 안내서

기독교문서선교회 (Christian Literature Center: 약칭 CLC)는 1941년 영국 콜체스터에서 켄 아담스에 의해 시작되었으며 국제 본부는 미국 필라델피아에 있습니다.
국제 CLC는 59개 나라에서 180개의 본부를 두고, 약 650여 명의 선교사들이 이동도서차량 40대를 이용하여 문서 보급에 힘쓰고 있으며 이메일 주문을 통해 130여 국으로 책을 공급하고 있습니다. 한국 CLC는 청교도적 복음주의 신학과 신앙서적을 출판하는 문서선교기관으로서, 한 영혼이라도 구원되길 소망하면서 주님이 오시는 그날까지 최선을 다할 것입니다.

청년들을 위한
결혼생활
안내서

이론편과 실천편

김환동 지음

CLC

L.G.E.S.는 선교와 교육을 위해 세워진 비영리 단체로, L.G.E.S는 하나님께 사랑을 받고 사는 사람들이(Love), 하나님을 사랑하고(드림/Giving), 내 몸을 사랑하고(누림/Enjoying), 이웃을 사랑하자(나눔/Sharing)라는 의미입니다.

L.G.E.S.의 핵심사역

선교
선교사들과 미자립 교회의 목회자들(신학교에서 막 졸업한 사역자들 포함)에게 성경공부에 필요한 교재들과 복음을 전할 때 필요한 전도지와 교재들을 제작하여 보급하고, 전도와 교육에 필요한 자료들을 지원합니다.

교육
평신도들의 교육과 훈련, 교회의 교육부서 설립을 위한 교육과 훈련, 장애인 사역과 노인 사역을 위한 교육과 훈련, 가정사역(결혼, 부부, 부모와 자녀 등)을 위한 교육과 훈련, 그리고 단기 선교에 필요한 교육과 훈련을 진행합니다.

L.G.E.S.의 주요활동

성경적인 교재 제작 및 지원

1) 전도지, 성경공부 교재(어린이부터 성인까지), 성경 교리 시리즈, 예수 그리스도 시리즈, 신구약개론 및 책별 성경공부, 가정 시리즈(결혼준비교실, 부부교실, 부모교실, 노인교실 등), 가정예배 안내서, 세계관, 타종교 시리즈, 장애인 시리즈, 노인 시리즈, 경건서적(선교사님 체험 수기를 비롯해 성도들의 영적인 성장을 위한 책들)등의 성경적인 교재들을 제작하여 선교사들과 미자립 교회 목회자들에게 지원합니다.
2) 선교사들의 사역(교회, 학교 등)에 필요한 교육 교재들과 교육에 필요한 자료들을 지원하고, 필요에 따라 선교사들의 사역 지역에 도서관 짓기 및 도서를 지원합니다.
3) 미자립 교회에 평신도 및 주일학교 교육 교재를 지원하고, 미자립 교회의 요청이 있을 때는 교사들을 위한 교육 세미나와 훈련을 지원합니다.
4) 지역에 있는 교회들의 교육부서 설립이나 운영을 돕고, 부모 및 자녀를 위한 교육세미나를 진행합니다.
5) 교회들의 장애인 부서 설립을 돕고, 성경적 장애인관에 대한 교육과 훈련을 진행합니다.
6) 평신도들을 위해 성경개론, 교리, 세계관, 선교, 이단, 문화 등의 교육과 훈련을 진행합니다.
7) 성경적인 가정을 세우고 돕기 위해 결혼준비교실과 상담, 부부교실과 상담, 부모교실과 상담, 노인 교실 등의 세미나를 진행합니다.
8) 선교사들, 미자립교회 목회자들, 그리고 평신도들이 합력할 수 있는 네트워크를 만들어 운영합니다.

일반안내

✉ 2019lges@gmail.com
📞 818-445-1755 / 818-632-0945
🏠 23947 Arroyo Park Dr. #175, Valencia, CA 91355 (U.S.A.)

청년들을 위한 **결혼생활 안내서** | 이론편과 실천편

그리스도인 청년들이 성경적인 결혼을 통해 하나님이 기뻐하시는 복된 가정을 세우고, 그 가정에서 사랑과 행복이 가득한 삶을 살기를 바라는 마음으로 이 책을 만들었습니다. 사람은 자신이 태어날 가정과 부모를 선택할 수 없지만, 사랑하고 행복을 나눌 배우자는 선택할 수 있습니다. 결혼해서 결혼 전의 삶보다 더 사랑을 주고받고, 더 평안하고, 더 행복하고, 더 감사한 삶을 살게 되는 사람들도 있지만, 그런 삶과는 반대의 삶을 사는 사람들도 있기에 그 무엇보다 결혼을 잘 해야 합니다. 청년들 중에는 감정적인 부분으로만 접근하고 준비하는 사람들도 있습니다. 그러나 그리스도인 청년들은 하나님께 기도하면서 결혼을 영적이고 이성적으로 접근하고 준비해야 합니다. 특히 하나님의 말씀인 성경으로 결혼을 준비하고, 결혼을 하고, 결혼생활을 유지할 때 하나님께서 주시는 결혼을 통한 유익과 행복을 온전히 받아 누릴 수 있음을 명심해야 합니다. 이 책은 성경을 기준으로 결혼을 배우는 이론편과 결혼생활의 실제적인 삶을 배우는 실천편으로 구성되어 있습니다. 이 책을 통해 결혼에 대한 성경적인 이론과 결혼생활의 실제적인 모습을 동시에 잘 배우게 되기를 바랍니다. 아울러 이 책을 읽고 배우는 동안 결혼과 가정에 대해 하나님께 더 기도하고, 더 깊이 생각함으로, 하나님께서 기뻐하실 결혼 생활과 가정에 대한 행복한 소망을 품게 되고, 결혼과 가정을 위해 진지하고 열심히 준비하는 사람이 되기를 바랍니다.

또한 이 책을 만들 수 있는 믿음과 지혜를 주시고, 선교와 목회 현장에서 사용하게 하시는 하나님께 감사와 영광을 돌립니다. 그리고 이 책을 쓸 수 있도록 도움을 주신 모든 분들과 출판을 할 수 있도록 도움을 주신 모든 분들에게 감사를 드립니다.

청년들을 위한
결혼생활 안내서

이론편과 실천편

목차

[이론편]

제 1과	마음에 대한 가르침	8
제 2과	남자와 여자에 대한 가르침	12
제 3과	배우자 선택에 대한 가르침	16
제 4과	결혼에 대한 가르침	20
제 5과	가정에 대한 가르침	23
제 6과	부부에 대한 가르침	27
제 7과	성에 대한 가르침	31
제 8과	말에 대한 가르침	35
제 9과	분노(화)에 대한 가르침	39
제 10과	물질에 대한 가르침	43

[실천편]

제 1-1과	자존감과 마음의 상처(마음에 대한 가르침의 실천편)	48
제 2-1과	남자와 여자의 차이(남자와 여자에 대한 가르침의 실천편)	53
제 3-1과	이성 교제(배우자 선택에 대한 가르침의 실천편)	58
제 4-1과	결혼생활(결혼에 대한 가르침의 실천편)	63
제 5-1과	가정생활과 가족관계(가정에 대한 가르침의 실천편)	72
제 6-1과	부부 관계(부부에 대한 가르침의 실천편)	76
제 7-1과	성에 대한 기초 상식(성에 대한 가르침의 실천편)	87
제 8-1과	의사 소통 및 대화의 기술(말에 대한 가르침의 실천편)	91
제 9-1과	부부 갈등과 화해(분노(화)에 대한 가르침의 실천편)	97
제 10-1과	물질(돈)(물질에 대한 가르침의 실천편)	103

[부록]

	결혼 상담 체크 리스트	109

청년들을 위한

결혼생활 안내서

이론편

1과 마음에 대한 가르침

1 하나님께서 사람들에게 마음을 지키라고 말씀하시는 이유는 무엇일까요?

_____의 근원이 마음에서 나오기 때문입니다.(잠 4:23) 마음이 _____의 근원인 이유는 마음으로 예수 그리스도를 믿으면 구원(의롭게 됨)을 받아 영원한 생명을 받게 되기 때문입니다.(롬 10:9-10) 모든 그리스도인들은 예수 그리스도를 믿는 마음, 하나님을 사랑하는 마음, 하나님의 말씀을 지키려는 마음, 자신을 귀하게 여기는 마음, 가족들을 사랑하는 마음, 이웃을 사랑하는 마음에 이르기까지 마음을 지키며 살아야 합니다.

2 하나님께서 하나님의 자녀들에게 주시는 마음은 어떤 마음일까요?

1) 하나님께서 하나님의 자녀들에게 주신 마음은 _____하는 마음이 아니라, 예수 그리스도를 부끄러움 없이 증거할 수 있도록 능력과 사랑과 절제하는 마음을 주셨다고 말씀합니다.(딤후 1:7-8)

2) 하나님께서 하나님의 자녀들에게 주신 마음은 _____ 마음을 제거하고 부드러운 마음을 주시는데, 이는 말씀대로 살지 않고 죄를 짓는 마음을 제거하고, 하나님의 말씀대로 살 수 있는 마음입니다.(겔 36:26-28. 참조. 엡 4:18)

3 하나님의 자녀들의 마음에 있는 두 가지 욕구는 무엇일까요?

하나님의 자녀들의 마음에는 _____의 욕구와 _____의 욕구가 있는데, 그리스도인들은 반드시 성령의 욕구를 따라 살아야 한다고 말씀합니다.(롬 8:1-14; 갈 5:16-26, 6:8; 엡 4:22-24 등) 세상 사람들의 마음에는 육체의 욕구 밖에 없기 때문에, 그들은 육체의 욕구대로만 삽니다.

4 사람들의 마음에 있는 육체의 욕구가 무엇일까요?

사람들의 마음에 있는 육체의 욕구는 구원을 받기 전에 있었던 욕구들로, 음행(간음), 더러움, 방탕, 우상 숭배, 마술, 미움, 다툼, 질투, 화내기, 이기적인 마음, 편 가르기, 분열, 이단, 술 취함, 그리고 흥청대며 먹고 마시는 것들이며, 육체의 욕구대로 사는 사람은 죄의 본성대로 사는 사람이며, 하나님께 속하지 않은 사람이기에, 육체의 욕구대로 사는 사람들은 _____에 들어갈 수 없다고 말씀합니다.(롬 6:6-7, 8:1-9; 갈 5:19-21 등. 참조. 고전 7:31)

5 **사람들이 두 마음을 품으면 안 되는 이유는 무엇일까요?**

하나님께서는 하나님의 자녀들에게 오직 한 마음만을 주셨기에(겔 11:19-20), 사람들이 두 마음을 품는 것은 ___를 짓는 것입니다.(시 119:113; 약 1:6-8, 4:8 등. 참조. 대상 12:33)

1) 하나님과 _____을 마음으로 동시에 사랑하면 죄입니다.(약 4:4, 8; 요일 2:15 등)

2) 하나님과 _____을 마음으로 동시에 섬기면 죄입니다.(막 6:24; 눅 16:13 등)

3) 하나님과 마귀(우상)를 마음으로 동시에 섬기면 죄입니다.(호 10:1-2)

4) 하나님의 법과 _____의 법을 마음으로 동시에 따르면 죄입니다.(시 119:113 등)

5) 부부가 간음하는 것도 두 마음을 품는 죄라고 할 수 있습니다.(레 20:10; 마 5:31-32; 롬 7:3 등)

---

6 **하나님의 자녀들이 마음을 같이 하여 행해야 할 것들은 무엇일까요?**

하나님의 자녀들은 마음을 같이 하여 하나님께 _____을 돌려야 하고(롬 15:6), 하나님의 말씀을 따라야 하고(행 8:6), 하나님께 기도해야 하고(행 1:14, 4:24), 예수 안에서 모이기에 힘써야 하고(행 2:42-47, 5:12), _____의 일을 결정해야 합니다.(행 15:25. 참조. 행 1:16-26, 6:1-6, 25:22-26)

---

7 **하나님의 자녀들의 마음에 일어나는 가장 근본적인 갈등은 무엇일까요?**

하나님의 ___을 따르려는 마음과 죄악 된 _____이 원하는 것을 하려는 마음 사이에서의 갈등입니다. 즉, 마음으로는 하나님의 법에 복종하고 싶어하는 반면, 육체적으로는 죄의 법에 복종하고 사는 것입니다.(롬 7:14-24) 예수 그리스도께서도 항상 깨어 기도해야 하는 이유가, 마음은 하나님의 말씀대로 살고 싶어하지만, 육체가 약하여 마귀의 유혹에 넘어질 수 있기 때문이라고 말씀하셨습니다.(마 26:41; 막 14:38. 참조. 벧전 5:7-10) 그래서 성경은 자기의 마음을 다스리는 사람은 전쟁에 나가서 성을 빼앗아 큰 승리를 얻은 사람보다 낫다고 말씀합니다.(잠 16:32)

---

8 **하나님께서는 어떤 마음을 가진 사람들을 가까이 하시고 복을 주실까요?**

자신이 죄로 죽을 수 밖에 없음을 알고 오직 하나님만을 의지하는 _____ 마음과 자기의 죄를 하나님께 _____하는 마음을 가진 사람들을 하나님께서 가까이 하시고 복을 주십니다. (시 34:18, 51:17. 참조. 사 61:1)

9. 예수 그리스도께서는 마음과 말의 관계에 대해 어떻게 말씀하셨을까요?

예수 그리스도께서는 사람들은 마음에 가득한 것을 말로 표현하며 사는데, _____은 마음에 선한 것을 쌓았다가 선한 것을 말하고, _____은 마음에 악한 것을 쌓았다가 악한 것을 말한다고 말씀합니다.(마 12:34-37, 15:10-20; 눅 6:43-45) 특히 사람들의 마음에 쌓인 더러운 것들은 악한 생각, 거짓말, 욕지거리, 질투, 비방, 음행, 간음, 도둑질, 그리고 살인(미움) 등이라고 말씀합니다.(마 15:19-20; 막 7:14-23)

10. 하나님께서는 사람들을 보실 때 마음과 외모 중 무엇을 보실까요?

하나님께서는 사람들을 보실 때 외모가 아닌 마음의 _____을 보시며(삼상 16:7), 하나님께서는 사람들의 마음이 거짓되고 매우 악하다는 사실을 정확히 보시고 아십니다.(렘 17:9-10) 그리스도인들은 항상 자신의 마음을 보시는 하나님께 거짓되고 악한 마음에 대해 회개하고, 마음에 채워지지 않도록 기도하며 노력해야 합니다.

토론 및 적용 질문

1. 당신은 하나님의 자녀로서 귀하고, 사랑받기에 합당한 사람이라고 생각하며 삽니까?
2. 당신에게 좋은 영향력을 미친 사람과 나쁜 영향력을 미친 사람은 누구입니까?
3. 당신이 받은 상처들 중에 아직까지 치유되지 않고 마음에 남아 있는 것은 무엇이며, 그 상처로 인해 생긴 트라우마가 있다면 무엇인지 나눠봅시다.
4. 당신이 받은 마음의 상처로 인해 문제(영적인 문제, 감정적인 문제, 생각과 말과 행동의 문제, 가정문제, 사회문제 등)를 일으킨 적이 있다면 나눠봅시다.
5. 당신은 마음의 상처를 치유하기 위해 어떤 노력(기도, 인내, 멘토링이나 상담, 병원 치료 등)을 하는지 나눠봅시다.
6. 당신이 마음의 상처를 준 사람과 현재 그 사람과 어떻게 지내는지 나눠봅시다.
7. 당신이 가장 닮고 싶은 사람은 누구이며, 그 이유는 무엇인지 나눠봅시다.
8. 당신의 마음에 있는 긍정적이고 선한 것들은 무엇이며, 부정적이고 나쁜 것들은 무엇인지 한두 가지씩만 나눠봅시다.
9. 당신의 마음에 있는 열등감은 무엇이며, 자기 자신이 못났다고 생각되는 때는 언제 인지 나눠봅시다.
10. 당신의 주변에 낮은 자존감, 열등감, 마음의 상처 등으로 인해 정신적으로 문제가 생긴 사람이나, 그로 인해 자살을 선택한 사람을 본 적이 있다면 나눠봅시다.

해답

1. 생명, 생명   2. 두려워, 굳은   3. 성령, 육체   4. 하나님 나라
5. 죄, 세상, 물질, 마귀   6. 영광, 교회   7. 법, 본성   8. 상한, 회개
9. 선한 사람, 악한 사람   10. 중심

2과 남자와 여자에 대한 가르침

1. 남자와 여자는 어떻게 생겨났을까요?

하나님께서 하나님의 _____과 _____으로 남자와 여자를 지으셨는데, 남자를 지으실 때는 흙으로 만드시고 생기를 불어 넣으셨으며, 여자는 남자의 갈비뼈로 만드셨습니다.(창 1:26-28, 2:4-25, 5:1-2; 마 19:4; 막 10:6) 특히 여자는 남자를 위해 지음 받았습니다.(창 2:20-22; 고전 11:8-9)

2. 남자와 여자는 어떤 차이가 있을까요?

하나님께서는 남자와 여자를 _____와 _____의 차이를 갖도록 창조하셨고(창 3:16; 고전 11:3-12, 14:33-35; 갈 3:28; 엡 1:22-23, 5:21-33; 골 1:18; 딤전 2:9-15; 벧전 3:5-6 등), 남자를 하나님과의 언약을 맺는 대표자로 삼으셨으며(창 2:4-17, 17:1-14 등), 남자가 여자의 머리(고전 11:3)라고 말씀합니다. 물론 하나님 안에서는 여자가 남자 없이 독자적으로 존재하지 않고, 남자도 여자 없이 독자적으로 존재하지 않습니다.(고전 11:11-12)

3. 하나님께서는 남자와 여자를 차별하실까요?

아니오. 하나님께서는 남자와 여자를 차별하신 적이 없을 뿐만 아니라(롬 3:2, 10:11-13; 고전 11:11-12, 12:13 등), 남자와 여자를 예수 그리스도 안에서 _____로 여기십니다.(갈 3:28) 그러기에 남자와 여자의 역할을 바꾸려고 하는 시도는 잘못입니다.(참조. 신 22:5; 롬 1:26-32; 고전 6:9)

4. 하나님께서는 남자가 어떤 역할을 하도록 하셨을까요?

부부 관계에서 리더의 역할(창 2:18-25; 고전 14:33-35; 엡 5:22-33), 가정에서 _____의 역할(창 3:16-19; 고전 14:33-35; 엡 5:22-33; 딤전 3:4-5, 12; 딛 1:6 등), 성전과 교회에서 _____인 리더의 역할(출 28:1-43; 마 10:1-4; 막 3:13-19; 눅 6:12-16; 딤전 3:1-13; 딛 1:6-9 등), 세상에서 영향력 있는 역할(창 1:27-28, 9:1-3; 딛 2:2-6), 그리고 나라와 민족 중에서 리더의 역할을 하도록 하셨습니다.(창 6:9-22; 출 3:1-22; 삼상 3:1-21 등)

5 하나님께서는 여자가 어떤 역할을 하도록 하셨을까요?

하나님께서는 여자가 남자를 _____ 역할을 하도록 하셨고, 가정을 지키고 자녀들을 _____ 하는 역할을 하도록 하셨으며, 세상에서 영향력 있는 역할을 하도록 하셨습니다.(창 1:27-28, 2:18-25; 잠 1:8, 31:10-31; 딤전 2:9-15; 딛 2:3-5 등. 참조. 살전 2:7)

6 하나님께서는 남자와 여자가 교회에서 어떤 관계이기를 원하실까요?

여자들은 교회에서 조용해야 하고, 남자를 가르치거나 _____하지 말아야 하고, 남자의 권위에 _____해야 합니다.(고전 14:33-35; 딤전 2:9-15; 벧전 3:5-6 등) 남자들도 하나님의 권위로 세워진 교회의 리더들에게 순종해야 하고(히 13:17), 교회의 리더들도 그리스도와 하나님께 순종해야 합니다.(고전 11:3, 7; 엡1:22-23, 4:15, 5:23-24; 골 1:18)

7 하나님께서 여자가 남자를 지배하거나 가르치는 것을 금하신 이유는 무엇일까요?

남자가 먼저 지음을 받고 그 후에 여자가 지음 받았으며, _____에게 속아 ___를 지은 것도 남자가 아니라 여자였기 때문이라고 말씀합니다.(딤전 2:13-14) 특히 하나님께서는 선악을 알게 하는 나무의 열매를 따먹은 여자를 벌하실 때, 여자들은 남자를 다스리려고 할 것이나 남자가 여자를 다스릴 것이라고 말씀하셨습니다.(창 3:16)

8 하나님께서 리더들을 세울 때 남자와 여자를 어떻게 구별하여 세웠을까요?

1) 구약 시대: 하나님께서는 가장, 족장, _____, 선지자, ___ 등을 세우실 때 남자를 중심으로 세우셨고(창 3:16-19, 12:1-9; 출 3:1-22, 28:1-43; 삼상 3:1-21; 삼하 7:16 등), 드보라(삿 4:4-24), 미리암(출 15:20-21), 훌다(왕하 22:142), 안나(눅 2:36-38) 등 소수의 여자들을 예외적으로 사사와 선지자로 세우셨습니다.

2) 신약 시대: 하나님께서는 예수 그리스도의 제자들을 비롯해 _____, _____, 그리고 안수집사를 세울 때 모두 남자를 세우셨고(마 10:1-4, 19:28; 막 3:13-19; 눅 6:12-16; 행 1:12-26, 6:1-6; 딤전 3:1-13; 딛 1:6-9 등), 교회의 리더가 되기 위해서는 한 아내의 남편이어야 한다고 규정하셨습니다.(딤전 3:2, 12; 딛 1:6) 반면 뵈뵈(롬 16:1)와 브리스길라(행 18:1-28) 정도의 여자들만 교회의 일꾼으로 기록되어 있습니다.

9 하나님께서 리더들을 세울 때 남자와 여자를 어떻게 구별하여 세웠을까요?

1) 하나님께서는 남녀를 차별하지 않고 성경을 읽고 듣게 하셨습니다.(느 8:1-8; 계 1:3 등)

2) 하나님께서는 남녀를 차별하지 않고 _____를 받으셨습니다.(출 10:1-20; 레 23:1-44; 눅 2:41-50 등)

3) 하나님께서는 남녀를 차별하지 않고 예물을 받으셨습니다.(출 25:1-9; 막 12:41-44; 고후 9:1-15 등)

4) 하나님께서는 남녀를 차별하지 않고 ___을 주십니다.(삼하 6:1-19; 대상 16:1-3; 롬 10:11-13 등)

5) 하나님께서는 남녀를 차별하지 않고 회개를 통해 죄를 용서해 주셨습니다.(행 2:38-39; 요일 1:9 등)

6) 하나님께서는 남녀에게 동일하게 _____ 죄를 짓지 말라고 말씀하셨습니다.(출 20:14; 레 18:22; 신 5:18; 요 8:2-11; 행 15:19-20; 롬 1:26-27; 고전 6:9; 엡 5:3; 골 3:5; 살전 4:3-5; 히 12:16 등)

7) 하나님께서는 남자와 여자의 _____ 제물을 다르게 드리도록 배려하셨습니다.(레 27:1-8; 민 6:1-21)

8) 하나님께서는 남녀의 차별없이 죄에 대해 동일하게 벌하셨습니다.(민 5:1-10; 롬 3:23, 6:23 등)

9) 하나님께서는 남녀 모두에게 매춘을 금하셨고, 매춘으로 번 돈도 헌금으로 드리지 말라고 말씀하셨습니다.(레 19:29, 21:7-15; 신 23:17-18; 잠 2:16-19, 7:25-27, 29:3; 고전 6:15-16 등. 참조. 겔 23:1-35)

10) 하나님께서 남녀 모두에게 무당이나 점쟁이가 되지 말라고 말씀하셨고, 무당이나 점쟁이, 그리고 그들을 따르는 사람들까지 벌할 것이라고 말씀하셨습니다.(출 22:18; 레 20:6, 27 등. 참조. 왕하 23:24)

10 여자가 교회나 예수 복음을 위해 할 수 있는 사역들은 무엇이 있을까요?

1) _____가 하나님께서 세우신 역할들을 잘 감당할 수 있도록 도울 수 있습니다.(엡 5:22-33 등)

2) _____을 보호하고 자녀들을 말씀으로 양육하는 일을 할 수 있습니다.(딤전 2:15; 딛 2:3-5 등)

3) _____를 주관하여 가르치는 것은 안 되지만, 여자들이나 아이들을 가르칠 수 있습니다. (딛 2:3-5)

4) 전도. 선교, 은사에 맞는 사역, 중보기도, 긍휼과 나눔, 부부와 가정, 자녀교육과 상담, 문화 관련 사역을 비롯해 다양한 사역을 할 수 있습니다.(마 28:18-20; 행 1:8, 2:16-18; 고전 11:5, 12:1-31; 약 5:16 등)

5) 여성도들의 모임을 대상으로 가르치거나 기도회를 인도할 수 있습니다.

토론 및 적용 질문

1. 사회 문제가 되고 있는 남자와 여자의 차별에는 어떤 것들이 있는지 나눠봅시다.
2. 남자와 여자의 질서와 역할을 바꾸려고 하는 것들은 무엇이 있는지 나눠봅시다.
3. 당신이 누군가를 차별한 적이 있었다면, 그 이유가 무엇인지 나눠봅시다.
4. 남자와 여자가 서로를 차별하지 않고 동등하게 대하려면 어떻게 해야 할까요?
5. 그리스도인들은 동성애자, 양성애자, 성전환자, 페미니스트, 그리고 AIDS 환자들을 어떻게 대해야 할지 나눠봅시다.
6. 당신은 여자(남자)로서 남자(여자)에게 존중받고 싶은 부분은 무엇인지 나눠봅시다.
7. 당신이 여자(남자)라는 이유로 가정에서 차별을 경험한 적이 있다면 나눠봅시다.
8. 남편과 돌볼 자녀들이 있는 여자들이 풀타임 직업을 갖는 것이 성경적일까요?
9. 여자가 교회나 복음을 위해 잘 할 수 있을만한 사역들은 무엇일지 나눠봅시다.
10. 가정에서 하나님과 사람의 질서, 남편과 아내의 질서, 부모와 자녀의 질서를 회복하고, 바로 세우는 방법은 무엇이 있을지 나눠봅시다.

해답

1. 형상, 모양   2. 질서, 역할   3. 하나   4. 가장, 영적   5. 돕는, 교육   6. 주관, 순종
7. 사탄, 죄   8. 제사장, 왕, 목사, 장로   9. 예배, 복, 성적인, 서원   10. 남자, 가정, 남자

3과 배우자 선택에 대한 가르침

1 성경적인 배우자 선택의 첫 번째 조건은?

예수 그리스도를 믿음으로 _____ 받았을 뿐만 아니라, 하나님의 말씀을 지켜 행하는 신실한 그리스도인이어야 합니다.(잠 31:30; 마 7:21-23; 요 1:12; 롬 8:1-14; 갈 5:16-26; 엡 4:22-24; 딤후 3:14-17; 약 2:14-26 등) 만약 _____을 배우자로 선택한다면 하나님의 말씀을 무시하는 죄를 짓는 것일 뿐만 아니라, 믿지 않는 배우자로 인해 하나님의 말씀대로 사는 삶에 심각한 방해를 받을 수 있습니다.(고후 6:14-16. 참조. 신 7:1-4; 말 2:10-17)

2 성경적인 배우자 선택의 두 번째 조건은?

하나님께 기도함으로 _____의 인도하심을 받은 사람이어야 합니다.(창 24:1-67; 시 107:9; 마 7:7-11. 참조. 삼상 18:20-30) 하나님께 기도함으로 성령의 인도하심을 받고 선택한 배우자라면 결혼하는 과정에 순탄한 길이 열릴 것이지만, 그렇지 않다면 마음에 확신도 없을 것이고, 가족들이나 다른 사람들과의 관계나 환경적인 문제 등 수많은 방해거리들이 있게 될 것입니다.(참조. 창 29:15-30)

3 성경적인 배우자 선택의 세 번째 조건은?

_____을 귀하게 여기는 가정적인 사람으로 가족들과 좋은 관계를 맺으며, _____를 공경하고, 형제들과 우애 있게 지내는 사람입니다.(출 20:12; 잠 17:17; 엡 6:1-3; 딤전 5:8 등. 참조. 요일 4:20 등) 그리고 부모와 가족들이 축복하는 사람을 배우자로 선택해야 합니다.(창 24:1-67. 참조. 삿 14:1-20) 그렇지만 결혼 후에는 부모를 떠나 독립적으로 살 수 있는 사람이어야 합니다.(창 2:24; 마 19:5; 막 10:7; 엡 5:31)

4 성경적인 배우자 선택의 네 번째 조건은?

성경적인 _____을 실천하는 사람(하나님을 사랑하고, 자기 자신을 사랑하고, 이웃을 사랑하는 사람)이어야 합니다.(신 6:4-5; 마 22:34-40; 요 13:34-35, 14:21; 롬 13:10; 약 2:8; 요일 4:7-8 등) 특히 당신이 사랑하는 사람이며, 당신을 사랑해 주는 사람으로, 로맨틱한 사랑의 감정이 있어야 하고, 사랑하는 사람답게 말하고 행동하는 사람이어야 합니다.(창 29:18-20; 고전 13:4-7 등. 참조. 잠 17:9; 아가서; 벧전 4:8) 사랑하는 사람과 결혼하지 않고 조건을 보고 결혼을 하면, 그 조건이 없어지면 부부 갈등을 비롯해 결혼생활이 깨어질 수 있고, 사랑하는 배우자와 살아야 배우자의 허물을 덮어줄 수도 있기에, 배우자는 반드시 사랑하는 사람으로 선택해야 합니다.

5 성경적인 배우자 선택의 다섯 번째 조건은?

죄를 짓는 삶은 멀리하고 _____ 삶을 추구하는 사람이어야 합니다.(레 11:44-45; 딤후 2:22; 벧전 1:15-16 등) 특히 데이트하는 동안 교회의 예배와 모임을 빠진다든지, 말씀 읽고 기도생활이 줄어든다든지, 주일을 지키지 않고, 음란의 죄를 짓고, 거짓말이 늘어난다면 그 사람을 배우자로 선택하면 안 됩니다.(참조. 행 5:1-11)

6 성경적인 배우자 선택의 여섯 번째 조건은?

성실하고 부지런하게 땀 흘려 _____ 뿐만 아니라, _____과 가족들을 잘 돌보는 지혜로운 사람이어야 합니다.(잠 10:4-5, 12:11, 14:1, 20:4, 31:10-31; 살후 3:6-12; 딤전 5:8 등. 참조. 창 3:17-19; 딤후 2:6 등)

7 성경적인 배우자 선택의 일곱 번째 조건은?

자신이 보기에 _____(신앙적, 육체적, 사회적)인 사람이어야 합니다.(창 2:18-23 등. 참조. 아 1:1-8:14) 하나님께서는 남자와 여자를 서로에게 끌리도록 창조하셨기에 세계관(신앙관, 비전과 가치관, 인간관, 윤리관, 물질관 등)이 비슷하고, 대화를 통한 소통이 잘 되어야 하며, 성격이나 삶을 살아가는 자세가 마음에 들며, 만날 때마다 마음이 평안해지는 등 자신이 보기에 믿음 안에서 매력적인 사람이어야 합니다. 자신이 보기에 _____(신앙적, 육체적, 사회적)인 사람이어야 합니다.(창 2:18-23 등. 참조. 아 1:1-8:14) 하나님께서는 남자와 여자를 서로에게 끌리도록 창조하셨기에 세계관(신앙관, 비전과 가치관, 인간관, 윤리관, 물질관 등)이 비슷하고, 대화를 통한 소통이 잘 되어야 하며, 성격이나 삶을 살아가는 자세가 마음에 들며, 만날 때마다 마음이 평안해지는 등 자신이 보기에 믿음 안에서 매력적인 사람이어야 합니다.

8 성경적인 배우자 선택의 여덟 번째 조건은?

하나님의 말씀에 비춰 _____(성품이 좋은 사람)이어야 합니다.(전 3:12; 롬 2:10; 갈 6:9; 살후 3:13; 히 13:16; 벧전 3:11, 17; 요삼 1:11 등. 참조. 딤전 1:8; 약 4:17 등)

1) 거짓 없이 정직한 사람이어야 합니다.(출 20:16; 레 19:11-12; 신 6:18; 시 5:6, 10:7, 51:10; 잠

30:6-9; 골 3:9; 약3:14 등. 참조. 요 8:39-47)

    2) ___이 거칠지 않고, 잘 다투지 않으며, 폭력적이지 않은 사람이어야 합니다.(잠 3:29-31, 15:1, 21:9, 25:24; 마 12:33-37, 15:17-20; 눅 6:43-45; 딤후 2:14 등. 참조. 창 49:5-7; 딤전 3:3 등)

    3) _____이 많지 않고, 남의 것을 탐내지 않는 사람이어야 합니다.(잠 28:25; 막 4:19; 갈 5:16-17; 엡 2:3; 약 1:15 등)

    4) 걱정과 근심을 많이 하지 않는 사람이어야 합니다.(마 6:25-34; 요 14:1; 빌 4:6; 벧전 5:7 등)

    5) 돈이나 세상보다 _____을 더 사랑하는 사람이어야 합니다.(마 6:24; 눅 16:13; 딤전 6:10, 17; 약 4:4; 요일 3:17 등. 참조. 눅 17:27-29)

9. 성경적인 배우자 선택의 아홉 번째 조건은?

_____과 사람들(자기 자신, 가족들, 데이트 상대와 다른 사람들)을 귀하게 여기는 사람이어야 합니다.(시 139: 14-18; 사 43:1-4; 빌 2:1-4 등. 참조. 창 1:26-31)

    1) _____와 화해를 잘 하는 사람이어야 합니다.(잠 14:29, 16:32, 19:11; 마 18:21-35; 막 11:25; 눅 6:37-42, 17:3-4; 엡 4:26-27; 약 1:19-20 등)

    2) 배우자를 비롯한 다른 사람들을 무시하거나 _____하지 않는 사람이어야 합니다.(갈 3:28; 골 3:11-17; 약 2:1-10 등. 참조. 삼하 6:16-23)

    3) 다른 사람들을 잘 돕고, 잘 섬겨주는 선한 이웃으로 사는 사람이어야 합니다.(눅 10:25-37; 고전 10:23-33; 엡 4:28 등)

    4) 다른 사람들을 잘 대접하고, 잘 _____ 사람이어야 합니다.(레 23:22; 신 15:7-11; 잠 14:21, 31; 마 6:1-4, 7:12; 눅 6:31. 참조. 행 10:1-2; 갈 2:8-10)

    5) 사람들을 친절히 대하고, 배려하며, 화를 잘 내지 않는 사람이어야 합니다.(잠 15:18, 29:22; 엡 4:31-32; 골 3:8; 약 1:19-20 등)6:37-42, 17:3-4; 엡 4:26-27; 약 1:19-20 등)

10. 성경적인 배우자 선택의 열 번째 조건은?

성적인 _____을 중요시하는 사람이어야 합니다.(창 24:16; 고전 7:2 등. 참조. 레 21:7, 13-14; 신 22:13-29; 고전 7:36-37 등) 왜냐하면, 성적인 죄는 하나님께 _____을 돌리지 못하도록 막는 죄이며, 자기 자신을 망치는 죄이기 때문입니다.(잠 6:32; 고전 6:18-20 등) 특히 데이트 중에 성 관계를 맺게 되면 하나님께 죄를 짓는 것일 뿐만 아니라, 마음에 두려움이 쌓이게 되고, 대화가 줄어들고, 사람들의 눈치를 보게 되며, 서로에 대한 존경심이나 신뢰가 깨질 수 있고, 원치 않는 임신이나 성병으로 고통을 당할 수 있고, 헤어졌을 때 문제가 될 수도 있습니다.

(갈 6:7-8. 참조. 잠 11:13, 20:19, 25:9; 유 1:7 등)

토론 및 적용 질문

1. 이성 교제를 시작하게 된다면 가장 기대되는 것과 가장 염려되는 것이 무엇이며, 그 이유는 무엇인지 나눠봅시다.
2. 이성 교제 중에 파트너와 함께 하면 좋을 만한 활동들을 구체적으로 나눠봅시다.
3. 이성 교제 중에 파트너와 함께 결혼에 대해 구체적으로 배울 마음이 있습니까?
4. 이성 교제 파트너를 배우자로 결정하기 전에 확인하고 싶은 것들을 나눠봅시다.
5. 이성 교제 파트너와 함께 만나고 싶은 사람들은 누구이며, 그 이유는 무엇입니까?
6. 이성 교제 파트너를 가족들이 심하게 반대를 한다면 어떻게 하겠습니까?
7. 배우자를 결정할 때 멘토링이나 상담을 받을 생각이 있다면, 그 이유를 나눠봅시다.
8. 이성 교제 중에 성적인 유혹에 넘어지지 않으려면 어떻게 해야 할지 나눠봅시다.
9. 이성 교제 중에 동거를 하는 것에 대해 어떻게 생각합니까?
10. 이성 교제 중에 임신을 하거나 상대를 임신시키게 되면 어떻게 하겠습니까?

해답

1. 구원, 믿지 않는 사람 2. 성령 3. 가정, 부모 4. 사랑 5. 거룩한 6. 일할, 가정 7. 매력적
8. 선한 사람, 말, 욕심, 하나님 9. 하나님, 용서, 차별, 나누는 10. 순결, 영광

4과 결혼에 대한 가르침

1. 성경적인 결혼이란 무엇일까요?

결혼은 하나님께서 _____와 _____를 결합하여 가정을 세우도록 정하신 제도로, 하나님께서는 세상을 창조하실 때 처음 만드신 아담과 하와도 결혼을 통해 부부가 되어 가정을 세우게 하셨습니다.(창 1:28, 2:18-25; 말 2:15; 엡 5:22-33; 히 13:4 등) 특히 결혼은 그리스도와 교회가 떨어질 수 없는 관계인 것처럼, 한 남자와 한 여자가 부부로서 떨어질 수 없는 관계가 되는 것입니다.(고후 11:2; 엡 5:21-33; 계 19:7-8 등)

2. 성경적인 결혼의 목적은 무엇일까요?

결혼의 목적은 남자와 여자가 서로를 도와 _____을 세우게 하려는 목적과 서로 _____함으로 생육하고 번성하게 하려는 목적, 그리고 남자와 여자가 함께 하나님이 주신 땅을 정복하고 다스리는 복을 받아 누리게 하기 위한 목적이 있습니다.(창 1:28, 2:18-25, 9:1-2 등)

3. 성경적인 결혼의 중요한 원칙들은 무엇일까요?

_____의 원칙, 성적인 죄에 빠지지 않기 위해 결혼한다는 원칙, 그리스도인들끼리 결혼해야 한다는 원칙, 결혼으로 인해 신앙적인 의무를 소홀히 하면 안 된다는 원칙, 다른 사람의 강요에 의해 결혼하면 안 된다는 원칙, 자신의 뜻대로 결혼하되 주 안에서 해야 한다는 원칙들이 있습니다.(창 2:24; 출 34:15-16; 레 18:1-30, 20:10; 신 5:21, 7:3-4; 스 9:11-14; 고전 7:1-40; 고후 6:14-18 등. 참조. 창 4:16-24)

4. 성경적인 결혼의 3가지 원리 중 떠남의 원리란 무엇일까요?

떠남의 원리란 육체적으로, 영적으로, 정신적으로, 경제적으로, 그리고 사회적으로 _____에게서 독립하는 것을 의미합니다.(창 2:18-25; 마 19:3-12; 막 10:7-9; 엡 5:21-33 등)

5. 성경적인 결혼의 3가지 원리 중 연합의 원리란 무엇일까요?

연합의 원리란 두 사람이 하나님 안에서 결혼을 통해 연합함으로, _____될 수 없는 관계가 되었다는 의미로, _____께서 짝지어준 관계를 사람이 나눌 수 없다는 말씀에서 나온 원리입니다.(창 2:18-25; 마 19:3-12; 막 10:7-9; 고전 6:16-17, 7:1-16; 엡 5:21-33 등)

6 **성경적인 결혼의 3가지 원리 중 하나됨의 원리란 무엇일까요?**

하나됨의 원리란 결혼하여 _____가 되면 육체적, 영적, 그리고 사회적인 면 등 삶의 모든 부분에서 하나됨을 의미합니다.(창 2:18-25; 마 19:3-12; 막 10:7-9; 고전 7:1-16; 엡 5:21-33 등)

7 **그리스도인들의 결혼은 모두 하나님께서 짝지어준 것일까요?**

네. 예수 그리스도를 믿음으로 구원 받아 _____ 안에서 결혼 서약을 한 모든 결혼은 하나님께서 짝지어준 결혼이며, _____께서는 그 결혼의 증인이십니다.(창 2:18-25; 말 2:10-16; 마 19:4-6; 막 10:7-9 등. 참조. 잠 18:22, 19:14) 그러기에 하나님께서 짝지어 주시고, 증인이 되어주신 결혼을 방해하거나 깨뜨리면 안 됩니다.

8 **하나님께서는 사람들에게 결혼을 어떻게 여기라고 말씀하셨을까요?**

하나님께서는 모든 사람들에게 결혼을 _____ 여길 뿐만 아니라, 간음을 비롯한 음란한 생활로 인해 결혼을 _____ 말라고 말씀하셨습니다.(히 13:4)

9 **그리스도인들은 꼭 결혼을 해야 할까요?**

하나님께 _____의 은사를 받은 사람, 하나님을 위해 일하고 싶어 _____한 사람, 그리고 결혼 생활을 유지할 수 없을 만큼 심각한 장애와 질병 등이 있는 사람은 결혼을 하지 않을 수 있지만, 그 외에 모든 사람들은 하나님 안에서 결혼하여 가정을 세워, 자녀를 낳고 번성하는 삶을 살아야 합니다.(창 1:26-28, 9:1; 마 9:10-12; 고전 7:25-40 등) 물론 하나님께 독신으로 살라는 허락을 받았다고 생각하는 사람들이라도 성적인 절제를 할 수 없는 사람들은 결혼을 해야 합니다. (참조. 고전 7:1-9)

10 **그리스도인들이 결혼하면 안 되는 사람들은 누구일까요?**

하나님께서는 _____를 믿지 않는 불신자들과의 결혼을 금하셨기 때문에, 불신자와는 결혼을 하면 안 됩니다.(고후 6:14-16. 참조. 신 7:1-4; 말 2:10-17)

토론 및 적용 질문

1. 당신이 결혼을 하고 싶은 이유와 어떤 가정을 만들고 싶은지 나눠봅시다.
2. 당신이 결혼생활에 대해 구체적으로 더 알고 싶은 부분은 무엇인지 나눠봅시다.
3. 당신은 결혼을 위해 무엇을 준비했으며, 결혼 전까지 무엇을 더 준비할 생각입니까?
4. 당신은 결혼을 생각할 때 기대되는 것과 두려운 것은 무엇인지 나눠봅시다.
5. 행복한 결혼생활을 위해 당신이 포기하고 희생해야 하는 것은 무엇인지 나눠봅시다.
6. 결혼 후 부부가 함께 신앙생활을 잘 하기 위해서는 어떻게 해야 하는지 나눠봅시다.
7. 결혼 후 다른 사람들과의 관계나 만남은 어떻게 하려고 생각하는지 나눠봅시다.
8. 결혼 후 배우자와의 소통, 부모님이나 가족들과의 관계, 그리고 경제적인 부분의 문제가 생기지 않으려면 어떻게 해야 할지 나눠봅시다.
9. 결혼 후 부모나 가족을 모시고 살아야 하는 경우, 맞벌이를 해야 하는 경우, 가사와 육아에 대한 의견이 다를 경우, 자녀(무자녀주의, 불임, 입양, 장애 등)에 대해 생각이 다를 경우에 어떻게 할 것인지 나눠봅시다.
10. 불신자와의 결혼을 생각하고 있다면, 배우자에 대한 전도는 어떻게 할 생각입니까?

해답

1. 한 남자, 한 여자 2. 가정, 사랑 3. 일부일처제 4. 부모 5. 분리, 하나님 6. 부부
7. 하나님, 하나님 8. 귀히, 더럽히지 9. 독신, 서원 10. 예수 그리스도

5과 가정에 대한 가르침

1 가정은 무엇일까요?

가정은 하나님께서 한 남자와 한 여자의 _____을 통해 세우신 최초의 공동체로, 가정은 _____의 모형이며, 생육하고 번성하는 공동체, 사랑 공동체, 그리고 말씀과 예배 공동체입니다.(창 2:18-25; 마 12:48-50; 막 3: 33-35; 롬 8:15-17; 엡 5:21-33; 딤전 5:8 등. 참조. 시 127:1-5; 행 16:31) 그래서 가정은 하나님께서 세우시고 지켜 주셔야 바로 설 수 있습니다.(시 127:1-5)

2 하나님께서 가정을 만드신 이유가 무엇일까요?

1) 남자와 여자가 결혼을 통해 서로를 _____하고 도우며 살게 하기 위해서입니다.(창 2:18-25)

2) 남자와 여자가 _____이 되어 생육하고 번성하며 살게 하기 위해서입니다.(창 1:28, 2:18-25, 9:1-7; 렘 29:6. 참조. 말 2:15; 마 19:4-6)

3) 남자와 여자가 _____의 죄를 짓지 않고 거룩한 삶을 살게 하기 위해서입니다.(고전 7:9. 참조. 레 19:2; 히 13:4)

4) 하나님을 아버지로 모신 영적인 가정의 모습을 가르쳐 주기 위해서입니다.(롬 8:14-17; 갈 4:6-7; 히 2:11 등)

3 가족 관계의 핵심은 무엇일까요?

가족 관계의 핵심은 _____과 _____(질서에 따른 순종)입니다. 부모는 자녀를, 남편은 아내를, 형제는 형제를, 그리고 가족들 간에 서로 사랑해야 하고, 자녀가 부모에게, 아내가 남편에게, 그리고 가족들 모두가 그리스도께 순종해야 합니다.(창 2:18-25; 엡 5:22-33, 6:1-4; 골 3:18-21 등)

4 가정에서 남자와 여자, 그리스도, 그리고 하나님은 어떤 관계일까요?

여자의 머리는 남자며, 남자의 머리는 그리스도며, 그리스도의 머리는 하나님이라고 말씀하며, 가정의 _____은 바로 하나님이십니다.(고전 11:3. 참조. 엡 5:22-33)

5 가정과 교회는 어떤 관계일까요?

가정과 교회는 하나님께서 직접 세우신 공동체로, 교회는 그리스도께 _____하고 그리스도는 교회를 _____하는 관계이며, 가정에서 아내는 남편에게 순종하고 남편은 아내를 사랑하는 관계라고 말씀합니다.(엡 5:22-33)

6 성경적인 가정을 세우기 위한 교회의 역할은 무엇일까요?

1) 하나님의 자녀끼리 가족처럼 _____하고, 도움을 주며 지내야 합니다.(딤전 5:1-16)

2) 하나님의 자녀끼리 _____을 힘쓰며, 서로 영적인 모범을 보여야 합니다.(딛 2:11-15)

3) 하나님의 자녀끼리 가족처럼 서로 사랑으로 가르치고 세워줘야 합니다.(골 3:1-17)

7 가족들끼리 어떤 관계를 맺으며 살라고 말씀할까요?

1) 남편은 아내를 사랑하고, 아내의 머리가 되어야 하며, 아내를 말씀으로 양육해야 하고, 아내가 _____ 존재임을 알고 귀하게 여겨야 합니다.(엡 5:23-29; 골 3:19; 벧전 3:7 등) 아내는 남편에게 순종하고, 남편을 _____해야 하며, 남편을 도와야 하고, 남편을 신앙적으로 감동시켜야 합니다.(엡 5:22-24, 33; 벧전 3:1-6 등)

2) 부모는 자녀들이 하나님께서 은혜로 주신 _____임을 알고(창 33:5; 시 127:3-5), 하나님과 하나님의 말씀을 잘 가르치고, 마음이 상하지 않게 해야 합니다.(신 6:4-9; 잠 22:6; 엡 6:4; 골 3:21; 딤후 3:15 등)

3) 자녀들은 부모를 _____하고 순종하며, 부모를 기쁘시게 해야 하고(잠 23:24-26), 부모를 무시하거나 불순종하면 하나님께 벌을 받게 됨을 알아야 합니다.(창 22:7-9; 출 20:12; 잠 23:24-26; 마 15:1-6; 엡 6:1-3 등)

4) 형제들끼리는 서로를 돕고 사랑해야 하는 관계로, 하나님을 사랑한다고 하면서 형제를 _____ 사람은 하나님을 사랑하지 않는 사람이라고 말씀합니다.(잠 17:17; 요일 4:20-21 등)

8 그리스도인들은 가정과 가족들에게 어떻게 하라고 말씀할까요?

그리스도인들은 자기 가족, 자기 친척부터 잘 돌보아야 하고, 그렇게 하지 않는 사람은 _____을 저버린 사람이며, 하나님을 믿지 않는 사람보다 더 _____ 사람이라고 말씀합니다.(딤전 5:8) 특히 그리스도인들은 모든 사람들에게 선을 행하되, 믿음의 가정에 속한 사람들에게 더 선을 행하라고 말씀합니다.(갈 6:9-10)

9 예수 그리스도께서는 마지막 때의 가정에 대해 어떤 경고를 하셨을까요?

예수 그리스도께서는 부모가 자녀들을, 자녀들이 부모를, 그리고 형제가 형제를 _____ 할 것이라고 경고하셨고, 이것은 오늘날 가정에서 실제로 일어나고 있습니다.(마 10:21; 막 13:12 등. 참조. 마 10:34-36)

---

10 성경에서 말씀하고 있는 영적인 가정은 어떤 모습일까요?

1) 예수 그리스도를 믿음으로 _____ 하나님의 자녀들이 모인 가정입니다.(요 1:12)

2) 하나님을 아빠, 아버지라고 부르며, 예수 그리스도와 _____입니다.(롬 8:14-17; 갈 4:6-7; 히 2:10-11)

3) 하나님께 영광을 돌리며, 하나님을 주인으로 모신 가정입니다.(롬 11:33-36; 고전 3:22-23, 10:31, 11:3 등)

4) 하나님의 말씀을 읽고 가르치고, 하나님의 말씀대로 사는 가정입니다.(신 4:8-10, 6:1-9; 시 128:1-4; 잠 22:6; 마 12:48-50; 막 3:33-35; 고전 14:35 등. 참조. 딤후 3:15-17)

5) 하나님의 자녀들이 _____ 안에서 살아가는 가정입니다.(요 15:1-17; 요일 2:27-28)

6) 하나님께 예배, 기도와 찬양을 드리는 가정입니다.(삼하 7:27-29; 욥 1:4-5; 요 2:13; 행 1:12-14 등)

7) _____을 증거하는 가정입니다.(고전 16:19; 골 4:15 등. 참조. 행 16:11-15)

8) 하나님을 공경하고 경외할 뿐만 아니라, 믿음으로 세례를 받은 가정입니다.(행 10:1-2, 16:14-15, 18:8 등)

9) 하나님, 자기 자신과 가족들, 이웃을 사랑하는 가정입니다.(신 6:4-9; 마 22:34-40; 요 13:34; 딤전 5:8 등)

10) _____을 사는 가정입니다.(마 5:13-16; 갈 6:9-10; 히 13:16; 약 4:17; 벧전 2:20, 3:17; 요삼 1:11 등)

토론 및 적용 질문

1. 가족들끼리 영적인 대화와 일상적인 대화를 얼마나 자주 하고 있는지 나눠봅시다.

2. 하나님이 주인 되시는 가정을 세우기 위해 어떤 노력을 하고 있는지 나눠봅시다.

3. 당신이 가정 예배를 드리고 있다면 언제, 어떻게 드리는지 나눠봅시다.

4. 그리스도인들의 가정과 세상 사람들의 가정의 차이가 무엇이라고 생각합니까?

5. 당신은 그리스도인으로서 가정과 가족들을 어떻게 돌보며 사는지 나눠봅시다.

6. 요즘 그리스도인 가정들의 문제들은 무엇이며, 그 문제들을 해결하기 위해서는 어떻게 하면 좋을지 나눠봅시다.

7. 그리스도인 가정들이 물질 중심에서 벗어나 사랑 중심으로 회복할 수 있는 방법들은 무엇인지 나눠봅시다.

8. 가족들에게 성경을 가르치는 방법과 가족들을 전도하는 방법이 있다면 나눠봅시다.

9. 그리스도인 가족들이 함께 하면 좋을 봉사나 섬김, 그리고 나눔이나 선교에 대한 구체적인 아이디어와 지속적으로 할 수 있는 방법들을 나눠봅시다.

10. 그리스도인 가정들끼리 정기적인 만남을 가질 수 있는 방법과 만났을 때 즐거운 시간을 보낼 수 있는 좋은 방법들을 나눠봅시다.

해답

1. 결혼, 하나님의 나라   2. 사랑, 한 몸, 음란   3. 사랑, 순종   4. 주인
5. 복종, 사랑   6. 사랑, 선한 일   7. 연약한, 존경, 선물, 공경, 미워하는
8. 믿음, 나쁜   9. 죽게   10. 구원 받은, 한 가족, 그리스도, 예수 복음, 선한 삶

6과 부부에 대한 가르침

1 성경에서 말씀하고 있는 부부는 어떤 관계일까요?

1) 하나님께서 한 남자와 한 여자의 _____을 통해 맺어준 관계입니다.(창 2:18-25; 말 2:10-16; 마 19:4-6)

2) 예수 그리스도를 믿는 사람들끼리 결혼해야 합니다.(출 34:16; 신 7:3-4; 고전 7:39; 고후 6:14-18 등)

3) 부부는 서로에 대한 의무를 다하고, 서로를 즐거워하며, 서로의 몸을 주관해야 합니다. (전 9:9; 고전 7:3-4, 33-35 등)

4) 부부는 _____을 귀하게 여겨야 합니다.(고전 7:36-38; 히 13:4. 참조. 신 4:9-10, 6:4-9)

5) 불신자와 결혼했어도 _____하지 말고(고전 7:12-15), 불신 배우자의 _____을 위해 힘써야 합니다.(고전 7:14-16)

2 남편과 아내에 대한 성경적인 교훈은 무엇일까요?

1) _____를 찾은 사람은 좋은 것을 얻은 사람이며, 하나님께 은혜를 받은 사람이라고 말씀합니다.(잠 18:22)

2) _____는 하나님께서 주시며(잠 19:14), 값진 보석보다 귀하다고 말씀합니다. (잠 31:10-31)

3) 현숙한 여인은 남편의 면류관이나 부끄러운 짓을 하는 여인은 남편의 뼈를 썩게 한다고 말씀합니다.(잠 12:4)

4) 지혜로운 여인은 집을 세우지만, 미련한 여인은 집을 허문다고 말씀합니다.(잠 14:1)

5) _____과 함께 큰 집에서 사는 것보다 움막에서 사는 것이 낫다고 말씀합니다. (잠 21:9, 25:24 등)

3 남편의 역할은 무엇일까요?

1) 남편은 그리스도가 교회를 사랑하듯이, _____를 자기 몸처럼 사랑해야 합니다.(엡 5:25-29; 골 3:19; 살전 4:4)

2) 남편은 그리스도가 교회의 머리인 것처럼 아내의 _____가 되어야 합니다.(엡 5:23)

3) 남편은 아내를 _____으로 양육해야 합니다.(고전 14:33-35)

이론편 | 27

4) 남편은 아내를 아껴주고 귀하게 여겨야 합니다.(골 3:19; 벧전 3:7)

5) 남편은 아내가 거룩해지도록 돕고, 믿지 않는 아내라면 구원받도록 도와야 합니다.
(고전 7:12-16; 살전 4:3-6)

4 아내의 역할은 무엇일까요?

1) 아내는 교회가 그리스도께 하듯, 남편에게 _____해야 합니다.(엡 5:22-24; 골 3:18; 벧전 3:1-6 등)

2) 아내는 남편을 _____해야 합니다.(엡 5:33)

3) 아내는 모든 면에서 남편을 _____가 되어야 합니다.(창 2:18)

4) 아내는 하나님의 말씀대로 사는 삶으로 남편을 감동시켜야 합니다.(벧전 3:1-6)

5) 아내는 남편이 거룩해지도록 돕고, 믿지 않는 남편이라면 구원받도록 도와야 합니다.
(고전 7:12-16; 살전 4:3-6)

5 부부 간의 성적인 의무는 무엇일까요?

1) 부부끼리만 성적인 관계를 맺고, 그로 인해 자녀를 낳고 번성하라고 말씀합니다.(창 2:18-25, 9:1, 7 등)

2) 부부는 성적인 관계를 통해 한 몸으로 연합될 수 있는 특권이 있습니다.(창 2:24-25; 마 19:5-6)

3) 부부는 자기의 몸을 _____에게 맡김으로 성적인 의무를 다해야 합니다.(고전 7:3-6; 히 13:4 등)

4) 부부가 아닌 다른 사람과의 _____을 금하고 있습니다.(출 20:14; 마 5:28; 고전 6:15-18; 살전 4:5; 히 13:4)

5) _____ 중인 아내와의 성관계를 금하고 있습니다.(레 18:29, 20:18; 겔 22:10 등)

6 부부가 결혼 중에 별거를 해도 될까요?

부부가 _____하기 위해서 잠깐 떨어져 지낼 수 있지만 기도가 끝나면 바로 함께 살아야 하는데, 그 이유는 부부가 _____의 시험으로 성적인 죄를 지을 수 있기 때문입니다.(고전 7:5. 참조. 고전 7:2)

7 부부의 혼인 관계가 끝나는 때는 언제일까요?

부부의 혼인 관계는 하나님께서 짝지어 주신 것으로 사람이 나눌 수 없기에, 배우자의 _____으로만 그 관계가 끝나게 됩니다.(마 19:5-6, 22:29-30; 막 12:24-25; 롬 7:1-3; 고전 7:39 등)

8 부부가 이혼할 수 있는 조건은 무엇일까요?

부부가 이혼할 수 있는 단 한 가지의 조건은 배우자의 _____이며, 누구든지 배우자의 간음이 아닌 이유로 이혼을 하고 다른 사람과 결혼을 하는 것은 간음하는 것이라고 말씀합니다.(말 2:14-16; 마 5:31-32, 19:3-12; 막 10: 6-12; 눅 16:18 등. 참조. 신 24:1-4; 마 19:7-8; 막 10:1-9; 롬 7:1-3; 고전 7:39-40)

9 부부 갈등의 다양한 원인들은 무엇일까요?

서로에 대한 _____과 믿음의 상실(참조. 창 2:18-25; 잠 15:16-18 등), 부부의 역할 문제(참조. 고전 7:3-5; 엡 5:21-33 등), 말이나 행동의 실수(참조. 잠 25:11; 엡 4:31-32 등), _____ 등 죄를 짓는 문제(참조. 창 3:1-19 등), 다른 사람들과의 관계의 문제(참조. 창 16:1-16 등), 자녀 문제(참조. 창 30:1-24 등), 용서하지 못하는 문제(참조. 마 18:21-22 등), 서로에 대한 무시나 괴롭힘(참조. 삼하 6:16-23; 골 3:19 등), 가정을 돌보지 않는 문제(참조. 딤전 5:8 등), 이기적인 욕심들(참조. 약 1:14-15 등) 등이 부부갈등을 일으키는 원인들입니다.

10 그리스도인 부부로서 잘 사는 법은 무엇일까요?

하나님의 _____대로 살아야 하고(참조. 요 15:1-17; 딤후 3:16-17; 약 1:22-25 등), 서로 _____해야 하고(참조. 요 13:34-35, 15:12; 롬 13:8-10; 고전 13:4-7 등), 결혼과 서로를 _____ 여겨야 하고(참조. 히 13:4; 벧전 3:7 등), 서로를 자기 자신처럼 좋아해야 하고(참조. 창 2:22-25 등), 서로의 _____에 충실해야 하고(참조. 엡 5:21-33; 골 3:18-19; 벧전 3:1-7 등), 하나님이 주신 권위와 질서를 인정해야 하고(참조. 엡 5:21-24 등), 서로를 도와주어야 하고(참조. 창 2:18-21), 서로를 위해 기도하고, 기도하는 것 외에는 떨어져 지내지 말아야 하고(참조 고전 7:5), 가정과 가족들을 잘 돌보아야 하고(참조. 출 20:12; 신 5:16, 6:1-9; 잠 22:6; 롬 12:10; 딤전 5:8; 벧후 1:7 등), 사랑으로 서로의 허물을 덮어주고, 서로의 잘못을 용서해야 하고(참조. 마 18:21-22; 벧전 4:8 등), 서로에 대해 신뢰하고 인정해야 하고(참조. 벧전 3:1-7 등), 서로에게 정직해야 하고(참조. 잠 14:11, 23:16; 벧전 2:1 등), 지혜롭게 행동해야 하고(참조. 삼상 25:1-35; 잠 14:1, 31:10-31 등), 말과 행동을 조심해야 하고(참조. 시 10:7; 잠 25:11; 엡 4:31-32; 약 3:2-12 등), 다투지 말아야 하고(참조. 잠 21:9, 25:24; 약 4:1 등), 죄를 짓지 말아야 하고(참조. 창 3:1-7; 고전 15:34 등), 상대방을 비방하거나 잘못을 떠넘기지 말아야 하고(참조. 창 3:8-19), 간음하지 말아야 하고(참조. 창 30:1-24; 출 20:14; 신 5:18; 삼상 1:1-9; 마 5:27 등), 무시하거나 정죄하지 말아야 합니다.(참조. 삼하 6:16-23; 마 7:1-5; 눅 6:37; 롬 14:13 등)

토론 및 적용 질문

1. 부부가 평생 행복하고 사랑하며 살기 위해서는 어떤 노력이 필요할지 나눠봅시다.

2. 부부 관계에서 중요하다고 생각하는 것들을 나눠봅시다.(예를 들어 사랑, 신앙, 지혜와 능력, 소통(대화), 사람과의 관계, 성격, 물질과 직업, 신뢰와 인정, 취미 등)

3. 남편(아내)으로서의 의무와 역할을 잘 하기 위해 어떻게 해야 하는지 나눠봅시다.

4. 부부가 함께 신앙생활을 잘 하기 위해서는 어떻게 해야 하는지 나눠봅시다.

5. 배우자에게 영적, 육체적, 사회적으로 부끄럽지 않기 위해서는 어떤 노력을 해야 할지 나눠봅시다.

6. 부부가 결혼생활을 하는 동안 갈등이 생길 수 있는 원인들은 무엇이며, 갈등이 생기지 않게 하려면 어떻게 해야 하는지 나눠봅시다.

7. 자녀 문제(임신, 출산, 양육, 교육 등)로 인해 부부 간에 문제가 생긴다면 어떻게 해결해야 할 것 같은지 나눠봅시다.

8. 부부가 간음 외에 이혼을 할 수 있다고 생각하는 문제들은 무엇인지 나눠봅시다.(예를 들어 신앙 문제, 학대나 폭력, 가정 문제, 경제적인 문제, 중독이나 범죄, 정신질환이나 거짓말, 심각한 성격 차이, 변태 성욕 등)

9. 당신은 결혼 후 배우자와 주말 부부나 기러기 부부와 같은 생활을 할 수 있다고 생각합니까?

10. 당신은 롤 모델로 삼고 있는 부부가 있습니까? 있다면 그 이유는 무엇입니까?

해답

1. 결혼, 결혼 생활, 이혼, 구원 2. 아내, 현숙한 아내, 다투는 여인
3. 아내, 머리, 말씀 4. 순종, 존경, 돕는 자 5. 배우자, 간음, 생리 6. 기도, 마귀
7. 죽임 8. 간음 9. 사랑, 간음 10. 말씀, 사랑, 귀하게, 역할

7과 성에 대한 가르침

1. 하나님께서 창조 후 사람들에게 말씀하신 성적인 가르침은 무엇일까요?

부부가 성적인 관계를 통해 _____를 많이 낳고 번성하여 땅을 채우라고 말씀하셨습니다.(창 1:28, 9:1, 7) 특히 한 남자와 한 여자가 결혼하여 부부가 되었을 때, 부부 안에서만 성적인 관계를 맺을 수 있음을 가르쳐 주셨습니다.(창 2:18-25, 참조. 살전 4:4-5; 히 13:4)

2. 하나님께서는 부부간의 성적인 관계에 어떤 특권을 주셨을까요?

하나님께서는 부부에게 성적인 관계를 통해 _____으로 연합될 수 있는 특권을 주셨기에, 부부는 벌거벗어도 서로에게 _____ 않는 것입니다.(창 2:24-25; 마 19:5-6) 그래서 성경은 그 특권을 누릴 수 있도록 결혼한 지 얼마 되지 않은 신랑을 군대에 보내지 말라고 말씀하고 있습니다.(신 24:5)

3. 하나님께서는 그리스도인들이 성적인 죄를 짓는 것을 허락하실까요?

아니오. 하나님께서는 그 어떤 이유로도 성적인 죄를 짓지 말라고 강력하게 말씀합니다. (출 20:14; 신 5:18; 요 8:2-11; 행 15: 19-20; 롬 13:13-14; 엡 5:3; 골 3:5; 살전 4:3-8; 히 12:16 등) 특히 하나님의 자녀들은 _____을 위한 삶이 아니라, 하나님의 _____을 위한 삶을 살아야 한다고 말씀합니다.(고전 6:12-20. 참조. 고전 5:11)

4. 하나님께서 벌하시겠다고 말씀하신 성적인 행위는 무엇일까요?

1) _____를 하는 사람(창 19:4-7; 레 18:22; 삿 19:22-23; 왕상 14:24; 롬 1:26-27; 고전 6:9; 딤전 1:10 등)

2) 자기 친 부모나 자기 친 자식과 성적인 관계를 맺는 사람(레 18:7, 17)

3) 계모나 계부와 성적인 관계를 맺는 사람(레 18:8, 20:11; 신 22:30, 27:20; 겔 22:10; 고전 5:1-2 등)

4) 자기 손자나 손녀와 성적인 관계를 맺는 사람(레 18:10, 17)

5) 아버지의 자식이나 어머니의 자식과 성적인 관계를 맺는 사람(레 18:9, 11, 20:17; 신 27:22; 겔 22:11 등)

6) 자기 며느리나 자기 사위와 성적인 관계를 맺는 사람(레 18:15, 20:12; 신 27:23; 겔 22:11)

7) 아버지의 형제나 어머니의 형제와 성적인 관계를 맺는 사람(레 18:12, 20:19 등)

8) 아버지의 형제의 배우자나 어머니의 형제의 배우자와 성적인 관계를 맺는 사람(레 20:20)

9) 자기 형제의 아내나 자기 형제의 남편과 성적인 관계를 맺는 사람(레 18:16, 20:21 등)

10) 가까운 친척들과 성적인 관계를 맺는 사람(레 18:6)

11) 자기 아내의 어머니와 성적인 관계를 맺는 사람(레 18:17, 20:14 등)

12) 생리 중에 있는 여자와 성적인 관계를 맺는 사람(레 18:19, 20:18; 겔 22:10 등)

13) _____하는 사람(창 34:1-31; 신 22:25-29; 삼하 13:1-22 등)

14) _____가 아닌 다른 사람과 간음하는 사람(출 20:14; 레 18:20; 마 5:28; 고전 6:15-18; 히 13:4; 요일 2:16 등)

15) 결혼하기 전에 성관계를 하는 사람(신 22:13-21. 참조. 겔 23:1-35; 고전 7:1-2)

16) _____하는 사람(레 19:29, 21:7-15; 신 23:17-18; 잠 2:16-19, 7:25-27, 29:3, 31:3; 고전 6:15-16 등)

17) 짐승과 성적인 관계를 맺는 사람(출 22:19; 레 18:23, 20:15-16; 신 27:21 등)

18) 동일한 한 여자와 성관계를 하는 아버지와 아들(암 2:7)

5 하나님께서는 성적인 죄를 짓는 사람들을 어떻게 하실까요?

하나님께서는 성적인 죄를 짓는 사람들을 _____하십니다.(레 20:10-20; 신 22:20-25; 겔 23:49; 말 3:5; 히 13:4; 유 1:7 등. 참조. 민 25:1-9; 고전 10:8) 성경은 성적인 유혹들을 하나님의 말씀으로 물리치라고 말씀합니다.(잠 7:1-27) 결혼한 배우자가 아닌 다른 사람과 성적인 관계를 맺는 것은 간음으로 부끄러운 짓이며, 배우자에 대한 배신으로 배우자를 분노케 합니다.(잠 6:24-35)

6 성적인 죄를 짓는 삶을 사는 사람이 하나님 나라에 들어갈 수 있을까요?

아니오. 성적인 죄를 짓는 사람들은 불신자처럼 _____을 따라 살지 않는 사람이기에 하나님의 나라에 들어갈 수 없다고 경고합니다.(고전 6:9-11; 갈 5:16-21; 엡 5:5; 계 21:8 등)

7 예수 그리스도께서는 간음에 대해 어떻게 말씀하셨을까요?

배우자가 아닌 사람을 성적인 욕구를 가지고 바라보기만 해도 이미 간음한 것이며(마 5:27-28), 음행이 아닌 이유로 _____하면 간음하게 하는 것이고(마 5:31-32), 사람들의 간음은 _____에서 시작된다고 가르쳐 주셨습니다.(마 15:18-20)

8 성경은 간음하는 사람에 대해 어떤 사람이라고 말씀할까요?

간음하는 사람은 무지한 사람으로 자기 _____을 망치는 사람이며(잠 6:32), 다른 죄는 몸 밖에서 일어나지만 간음은 자기 몸에 죄를 짓는 것이라고 말씀합니다.(고전 6:15-20)

9 성관계가 결혼을 해야 하는지의 여부를 결정하는 조건이 될 수 있을까요?

네. 성적으로 _____할 수 없는 사람들은 결혼을 하라고 말씀합니다.(고전 7:1-9) 성경에 나오는 인물들 중 성적인 유혹을 물리친 대표적인 사람은 요셉이며(창 39:7-20), 성적인 유혹에 넘어진 대표적인 사람은 유다(창 38:1-30), 삼손(삿 16:1-21), 다윗(삼하 11:1-27; 시 51:1-19) 등입니다.

10 성경에서 말씀하고 있는 음란과 영적인 관계는 무엇일까요?

성경은 _____를 하나님께 대한 영적인 간음으로 보고, 영적인 간음을 행하는 사람들을 심판하시겠다고 말씀합니다.(렘 3:6-10, 23:14; 겔 16:1-58, 23:36-49; 호 4:11-19; 엡 5:3-13 등) 영적인 간음인 우상숭배를 물리쳤던 왕은 다윗 왕(왕상 2:1-4), 히스기야 왕(왕하 18:1-7), 요시야 왕(대하 34:1-33) 등이며, 우상숭배에 빠졌던 대표적인 왕은 솔로몬 왕(왕상 11:1-13)과 북이스라엘의 모든 왕들입니다.

토론 및 적용 질문

1. 교회에서 성에 대한 교육(부부의 성생활 포함)을 하면 받을 마음이 있습니까?

2. 왜 교회나 그리스도인들은 성을 주제로 대화나 공부하는 것을 꺼리는지 나눠봅시다.

3. 교회와 그리스도인들 안에 이미 들어와 있는 음란한 문화는 무엇인지 나눠봅시다.

4. 당신이 성추행을 당한 적이 있었거나 성과 관련된 에피소드가 있다면 나눠봅시다.

5. 그리스도인이 음란 잡지나 포르노 제작, 포르노를 사고팔거나 봐도 되는지, 그리고 성을 사고파는 직업이나 그와 관련된 직업을 가져도 되는지 나눠봅시다.

6. 동성애, 양성애, 혼전 성관계, 성전환, 장애인이나 노인을 위한 성 도우미 등은 성경적으로 어떤 문제가 있는지 나눠봅시다.

7. 그리스도인들은 성전환, 동성애자들의 입양, 학생들의 섹스팅, 콘돔을 나눠주는 학교, 음란한 대중문화와 대중매체, 음란한 게임에 대해 어떻게 해야 하는지 나눠봅시다.

8. 그리스도인들이 성적인 유혹에 넘어지지 않는 방법이 있다면 무엇인지 나눠봅시다.

9. 그리스도인이라고 말하면서 음행하는 사람들이 있다면, 이런 사람들과 어떻게 지내야 할까요?

10. 당신은 배우자가 왜곡된 성의식을 가지고 있거나 변태적인 성관계를 요구하는 경우, 이유 없이 장기간 성생활을 거부하는 경우, 포르노나 음란물에 중독되어 있는 경우, 그리고 간음을 하게 되는 경우 어떻게 할 것인지 나눠봅시다.

해답

1. 자녀 2. 한 몸, 부끄럽지 3. 음행, 영광 4. 동성애, 강간, 부부, 매춘 5. 심판
6. 성령 7. 이혼, 마음 8. 영혼 9. 절제 10. 우상숭배

8과 말에 대한 가르침

1 예수 그리스도께서는 말은 어디에서부터 시작된다고 말씀하셨을까요?

사람들은 _____에 가득한 것을 입으로 내는데서 말이 시작된다고 말씀하며, 선한 사람은 마음에 선한 것을 쌓았다가 선한 것을 말하고, 악한 사람은 마음에 악한 것을 쌓았다가 악한 것을 말한다고 말씀합니다.(마 12:34-37, 15:10-20; 눅 6:43-45)

2 말의 능력에 대해 성경은 어떻게 말씀할까요?

말은 _____을 살리기도 하고 죽이기도 하는 힘을 가졌을 뿐만 아니라, 사람들을 _____시킬 수 있는 능력이 있다고 말씀합니다.(잠 10:8, 12:18, 14:25, 21:23; 사 50:4; 롬 10:9-10; 약 5:13-18 등. 참조. 롬 3:10-14)

3 말과 믿음의 관계에 대해 성경은 어떻게 말씀할까요?

말을 절제하지 못하고 함부로 말하는 사람의 믿음은 _____이라고 말씀하고(약 1:26), 말을 절제하는 사람들을 _____ 사람이라고 말씀합니다.(잠 10:19. 참조. 전 10:12-14) 그러나 말을 하는 혀를 길들일 수 없다고 말씀하고(약 3:7-8), 다윗도 자신의 입술에 파수꾼을 세워달라고 하나님께 기도했습니다.(시 141:3)

4 말과 심판과의 관계에 대해 성경은 어떻게 말씀할까요?

말의 _____가 없는 사람은 믿음이 성숙한 사람이라고 말씀하면서, 사소한 말이라도 심판의 날에 책임을 져야 하고(잠 10:19, 13:3, 18:21, 19:5, 21:23; 마 5:22, 12:34-37; 롬 14:10-12; 약 3:2-12; 유 1:14-16 등), _____을 거역하는 말은 용서받지 못하고 심판을 받는다고 말씀합니다.(마 12:31-37; 막 3:28-29; 눅 12:10)

5 사람들과의 관계에서 험담하는 사람이 없으면 무엇이 그친다고 말씀할까요?

_____의 시작은 험담(헐뜯는 말, 비방 등)에서 시작되는 경우가 많기에, 험담하는 사람이 없으면 _____도 그친다고 말씀합니다.(잠 26:20. 참조. 잠 15:1; 딛 3:2)

6 하나님께서는 사람들에게 어떤 말을 하라고 말씀하셨을까요?

1) _____의 말씀과 옳은 말을 하라.(시 119:43; 잠 8:7, 12:17; 슥 8:16; 마 5:37; 엡 4:25 등)

2) 선한 말과 정직한 말을 하라.(시 15:2; 잠 16:13, 23:16; 사 33:15-16; 눅 6:45; 엡 4:29; 살후 2:17 등)

3) 경우에 합당한 말을 하라.(잠 15:23, 25:11; 골 4:6. 참조. 잠 27:14)

4) 하나님을 자랑하고 찬양하고 높이라.(대상 16:10; 시 44:8, 47:6, 113:1; 사 12:4; 엡 5:18-21 등)

5) 하나님께 기도와 간구를 하라.(왕상 8:28-30; 시 143:1; 단 9:17; 마 6:5-13; 엡 6:18; 빌 4:6; 살전 5:17 등)

6) 하나님께 _____하라.(대상 16:34; 시 136:1-2; 렘 33:10-11; 골 3:17; 살전 5:18 등)

7) 칭찬과 격려, 그리고 위로의 말을 하라.(욥 4:4, 16:1-5; 잠 12:25, 27:21; 고후 13:11; 살전 5:11 등)

8) 하나님의 말씀을 가르치고, 권면하고, 전하라.(신 6:7; 잠 22:6; 마 18:15-17; 딤전 4:13; 딤후 4:2 등)

9) _____께서 주시는 말을 하라.(눅 12:11-12; 행 2:4, 17-18, 19:6-7 등)

10) 예수 복음을 전하라.(마 28:19-20; 행 1:8 등)

11) 사랑의(사랑으로) 말을 하라.(고전 13:1-3 등)

12) 사람들과의 관계에서는 예언과 방언이 아닌 알아듣는 말을 하라.(고전 14:1, 9-19, 39 등)

7 하나님께서는 사람들에게 어떤 말을 하지 말라고 하셨을까요?

1) _____을 하지 말라.(출 20:16; 레 19:11-12; 신 5:20; 잠 30:6-9; 마 19:18; 골 3:9-10; 약 3:14; 벧전 3:1 등)

2) 악한 말과 _____하는 말을 하지 말라.(출 22:28; 레 19:14; 시 10:7; 잠 15:28; 전 10:20; 롬 12:14 등)

3) 비방과 험담을 하지 말라.(레 19:16-18; 잠 11:13, 20:19; 롬 1:29; 약 4:11-12 등)

4) 더러운 말과 헛된 말을 하지 말라.(마 15:11; 엡 4:29-31, 5:3-7; 골 3:8; 딤전 5:13; 딤후 2:16 등)

5) 욕이나 조롱하는 말, 막말을 하지 말라.(왕하 2:23-24; 욥 2:7-10; 시 119:51; 잠 12:18, 17:5, 30:17; 마 5:22 등)

6) 다른 사람들을 비판(정죄)하지 말라.(마 7:1-5; 눅 6:37; 롬 14:13 등. 참조. 롬 14:1-23)

7) 과격한 말, 시비 거는 말, 논쟁 등 말다툼을 일으키는 말을 하지 말라.(잠 15:1, 17:14; 딤후 2:14)

8) _____이나 원망하지 말라.(시 37:1, 7-8; 잠 19:3; 고전 10:10; 빌 2:14; 약 5:9 등. 참조. 민 16:1-50)

9) 남의 비밀을 퍼뜨리지 말라.(잠 11:13, 20:19, 25:9 등)

10) 모함이나 음모, 그리고 위증하는 말을 하지 말라.(신 19:15-21; 잠 6:12; 딤후 3:3 등)

11) 모독하는 말을 하지 말라.(출 22:28; 레 24:10-14; 단 7:25 등. 참조. 마 12:31-37; 막 3:28-29; 눅 12:10)

12) 한 입으로 두 가지의 말(찬송과 저주)을 하지 말라.(시 12:2; 약 3:9-12)

13) 자신을 자랑하지 말라.(삼상 2:3; 왕하 19:28; 잠 27:2; 롬 1:30; 약 3:14-15, 4:16 등)

14) _____하는 말과 유혹하는 말을 하지 말라.(시 12:2-4; 잠 7:21, 26:28; 롬 16:18 등)

15) 말을 많이 하지 말고 조급하게 말하지 말라.(잠 10:19, 17:27-28, 18:13, 29:20; 약 1:19 등)

8 성경은 거짓말하는 사람들에 대해 어떻게 말씀할까요?

하나님께 속하지 않고 _____에 속한 사람이며(요 8:42-47; 딤전 4:1-2; 요일 4:5-6), 하나님을 _____하지 않는 사람이며(요일 4:20), 예수 그리스도를 _____하는 사람이며(요일 2:22), 그 마음에 진리가 없는 사람이며(요일 2:4), 진리대로 행하지 않는 사람이며(요일 1:6), 지옥에 갈 사람이며(계 21:8, 27, 22:15), 벌을 받고 망할 사람이며(시 5:6; 잠 19:5, 9), 하나님께서 싫어하시는 사람이며(시 5:6; 잠 6:16-19, 12:22), 다른 사람들을 미워하는 사람이며(잠 26:28), 하나님을 알려고 하지 않는 사람이며(렘 9:4-6), 행복하거나 인생을 즐겁게 살 수 없는 사람이고(시 34:12-13; 벧전 3:10), 다른 사람들의 거짓말이나 험담 등에 귀를 기울이는 사람입니다.(잠 17:4)

9 하나님께서는 불평하거나 원망하는 사람들을 어떻게 하실까요?

하나님께 불평이나 원망을 하는 사람들을 _____ 하시고(민 11:1-3, 21:4-9; 고전 10:10 등. 참조. 출 16:1-36, 17:1-7; 민 14:1-25, 16:1-50; 욥 1:13-22; 시 78:1-72; 잠 19:3; 빌 2:14 등), 하나님께서는 사람들끼리 서로를 원망하면 _____을 하시겠다고 말씀합니다.(약 5:9; 유 1:14-16 등)

10 하나님께 말로 서원하거나 맹세한 일들은 다 지켜야 할까요?

네. 하나님께 서원을 하거나 맹세한 일들은 _____를 보더라도 반드시 지켜야 합니다.(민 30:2; 신 23:21-23; 시 15:1-5 등) 그러나 성경은 거짓 맹세와 헛된 맹세를 하지 말라고 말씀합니다.(마 5:33-37; 약 5:12)

토론 및 적용 질문

1. 당신의 언어습관 중에 가장 버리고 싶은 습관은 무엇인지 나눠봅시다.

2. 습관적으로 거짓말을 하는 사람들을 어떻게 대해야 하는지 나눠봅시다.

3. 당신의 주변 사람들의 말하는 습관 때문에 스트레스를 받고 있다면 나눠봅시다.

4. 다른 사람들을 비방하거나 험담하는 습관을 버리는 방법은 무엇인지 나눠봅시다.

5. 상황에 맞지 않는 칭찬이나 축복의 말을 듣고 당황한 적이 있었다면 나눠봅시다.

6. 교회의 직분자나 신앙이 좋다고 하는 사람들의 말로 인해 상처를 받은 적이 있었다면 나눠봅시다.

7. 말의 실수로 인해 일어났던 일들 중 기억에 남는 에피소드를 나눠봅시다.

8. 당신은 믿지 않는 사람들에게 비방을 들은 적이 있었다면 나눠보고, 믿지 않는 사람들에게 비방을 당하지 않기 위해 어떤 노력을 하는지 나눠봅시다.

9. 당신이 지금까지 들었던 말들 중 가장 행복했던 말은 무엇이고, 가장 상처가 되었던 말은 무엇인지 나눠봅시다.

10. 가정, 교회, 직장, 사회에서 언어폭력 때문에 힘들었던 적이 있었다면 나눠봅시다.

해답

1. 마음 2. 생명, 변화 3. 헛것, 지혜로운 4. 실수, 성령 5. 다툼, 다툼 6. 진리, 감사, 성령
7. 거짓말, 저주, 불평, 아첨 8. 마귀, 사랑, 부인 9. 망하게, 심판 10. 손해

9과 분노(화)에 대한 가르침

1. 분노(화)가 무엇일까요?

분노는 _____하여 사람을 죽일 수 있을 만큼의 엄청난 감정으로, 하나님의 _____의 원인 중에 하나이기에, 하나님의 자녀들은 삶에서 반드시 분노를 버려야 합니다.(욥 5:2; 시 37:8; 잠 27:4; 마 5:21-22; 엡 4:31-32; 골 3:8 등. 참조. 대하 26:19; 암 1:1-15) 특히 사도 바울은 사랑은 분노하지 않는 것이라고 말씀합니다.(고전 13:4-6)

2. 분노하지 말라고 말씀하는 이유가 무엇일까요?

하나님께서는 쉽게 분노하지 말라고 말씀하셨는데, 그 이유는 분노하는 삶은 하나님의 ___를 이루지 못하기 때문입니다.(약 1:19-20. 참조. 마 6:14-15, 18:21-22, 35; 골 3:13 등) 특히 하나님의 자녀들은 다른 사람들이 분노할지라도 하나님을 의지함으로 그들을 두려워하지 말라고 말씀합니다.(사 7:1-9, 51:13 등)

3. 분노는 어떻게 시작된다고 말씀할까요?

_____ 말은 분노를 일으키며, _____ 말은 분노를 가라앉힌다고 말씀하셨으며, 경건하지 않은 사람들은 그 마음에 분노를 쌓는다고 말씀합니다.(욥 36:13; 잠 15:1, 25:23 등. 참조. 엡 4:29) 또한 사람들이 하나님의 말씀으로 질책을 당할 때 화를 내기도 합니다.(눅 4:16-30; 행 19:23-29)

4. 화를 잘 내는 사람들에게 가장 많이 일어나는 일은 무엇일까요?

화를 잘 내는 사람들에게는 _____이 많이 일어나고 결국은 범죄를 일으키기도 하지만, 화를 잘 내지 않는 사람들은 다툴 일이 있어도 그 다툼을 그치게 한다고 말씀합니다.(잠 15:18, 29:22) 그래서 성경은 화를 잘 내는 사람들과 _____고 말씀합니다.(잠 22:24. 참조. 잠 21:19, 25:24)

5. 성경은 화를 잘 내는 사람과 그렇지 않은 사람에 대해 뭐라고 말씀할까요?

성경은 화를 내지 않는 사람들을 _____보다 나은 사람, 신중한 사람, 그리고 명철한 사람이라고 칭찬하고 있습니다.(잠 14:29, 16:32, 19:11 등) 특히 _____ 사람은 화를 잘 내지 않거

이론편 | 39

나 화를 잘 참지만, _____ 사람은 쉽게 분노하거나 분노를 잘 참지 못한다고 말씀합니다.(잠 12:16, 29:11; 전 7:9 등. 참조. 잠 27:3)

6 **화를 낼 수는 있지만, 그 화를 언제까지 풀라고 말씀할까요?**

화를 낼 수는 있지만 그 화를 _____까지는 풀라고 말씀하고, 그렇게 해야 하는 이유는 오랫동안 화를 내면 _____이 공격할 수 있기 때문이라고 말씀합니다.(엡 4:26-27 등)

7 **부모가 자녀를 가르칠 때 자녀를 화나게 하거나 낙심하게 해도 될까요?**

성경은 화를 내지 않는 사람들을 _____보다 나은 사람, 신중한 사람, 그리고 명철한 사람이라고 칭찬하고 있습니다.(잠 14:29, 16:32, 19:11 등) 특히 _____ 사람은 화를 잘 내지 않거나 화를 잘 참지만, _____ 사람은 쉽게 분노하거나 분노를 잘 참지 못한다고 말씀합니다.(잠 12:16, 29:11; 전 7:9 등. 참조. 잠 27:3)

8 **하나님께서 기뻐하시는 의로운 분노를 낸 사람들은 누가 있을까요?**

1) _____가 만나를 아침까지 남겨두지 말라는 하나님의 말씀을 무시하고 만나를 아침까지 남겨둔 이스라엘 백성들에게 의로운 분을 냈습니다.(출 16:1-20)

2) 모세는 하나님께 드리는 제물을 잘못 처리한 제사장들에게 의로운 분을 냈습니다.(레 10:12-18)

3) 다윗은 자신이 밧세바를 범하고, 우리아를 죽게 한 일로 하나님께서 보낸 나단 선지자의 질문에, 자신의 일인 줄도 모르고 그런 사람은 죽여야 한다고 의로운 분을 냈습니다. (삼하 12:1-14)

4) _____가 하나님의 뜻을 제대로 행하지 않은 요아스 왕에게 의로운 분을 냈습니다.(왕하 13:14-21)

5) _____는 백성들이 가난하여 자녀들을 같은 민족에게 노예로 파는 상황이 발생하는 것을 보고 지도자들에게 의로운 분을 냈습니다.(느 5:1-13)

6) 예수 그리스도께서는 성전을 깨끗하게 하시며 의로운 분을 내셨습니다.(마 21:12-13; 막 11:15-17; 눅 19:45-46; 요 2:13-17)

7) 예수 그리스도께서는 사람의 마음이 굳은 것을 보시고 의로운 분을 내셨습니다.(막 3:1-5)

8) 예수 그리스도께서는 종교 지도자들에게, 그리고 회개하지 않는 이스라엘 백성들에게 의로운 분을 내셨습니다.(마 23:1-36)

9) 베드로가 아나니아와 삽비라의 악한 모습에 의로운 분을 냈습니다.(행 5:1-11)

10) 바울이 베드로의 위선적인 행동을 보고 의로운 분을 냈습니다.(갈 2:11-14)

9 하나님께서도 분노하실 때가 있을까요?

네. 하나님께서는 _____에게 날마다 분노하시고(시 7:11; 렘 6:9-11, 10:10 등), 하나님의 말씀대로 살지 않는 하나님의 백성들에게도 분노하십니다.(출 4:1-17; 민 12:1-9; 신 9:7-29 등) 그러나 하나님께서는 쉽게 분노하지 않으시고 분노를 참으시는 분이십니다.(출 34:6; 민 14:18; 시 86:15, 145:8; 사 48:9; 욜 2:13; 나 1:3 등)

10 분노를 내지 않고 사는 방법은 무엇일까요?

1) 하나님을 사랑하는 마음으로 이웃을 사랑해야 합니다.(마 22:34-40 등)

2) _____를 닮은 성숙한 사람이 되어 인내해야 합니다.(약 1:4 등. 참조. 롬 8:28-29; 엡 4:15-27)

3) _____에 선한 것을 쌓아 선을 행하며 살아야 합니다.(마 12:34-37; 눅 6:43-45; 약 4:17 등)

4) 모든 사람과 화목할 뿐만 아니라, ___으로 악을 이겨야 합니다.(롬 12:17-21)

5) ___을 조심해야 합니다.(잠 15:1, 17:14, 26:20; 롬 14:1-23; 엡 4:29; 딤후 2:14; 딛 3:2 등)

토론 및 적용 질문

1. 하나님께서 기뻐하시는 의로운 분노를 낸 적이 있었다면 나눠봅시다.

2. 다른 사람들과 만날 때 어떤 상황에서 그 사람에게 화가 나는지 나눠봅시다.

3. 부모들의 심한 분노로 인해 상처를 받았거나 힘들었던 적이 있었다면 나눠봅시다.

4. 가족들끼리 심하게 분노하고 싸운 적이 있다면 어떤 문제였는지 나눠봅시다.

5. 다른 사람들과 말 때문에 화를 내거나 다툰 적이 있었다면 나눠봅시다.

6. 당신은 분노로 인해 다른 사람들과 관계가 깨진 일이 있었다면 나눠봅시다.

7. 당신과 가까운 사람들 중에 때와 장소, 상황을 가리지 않고 화를 잘 내는 사람이 있습니까? 만약 그런 사람들이 있다면 그들을 어떻게 대하는지 나눠봅시다.

8. 당신이 특별히 기억하는 오해로 생긴 분노와 싸움이 있었다면 나눠봅시다.

9. 당신이 사람들과의 관계에서 가장 많이 갈등하는 문제는 무엇인지 나눠봅시다.

10. 당신은 화가 났을 때 어떻게 행동하며, 어떻게 화를 푸는지 나눠봅시다.

해답

1. 잔인, 심판 2. 의 3. 과격한, 부드러운 4. 다툼, 사귀지 말라 5. 용사, 지혜로운, 어리석은
6. 해가 지기 전, 사탄 7. 낙심 8. 모세, 엘리사, 느헤미야 9. 악인들 10. 예수 그리스도, 마음, 선, 말

10과 물질에 대한 가르침

1 성경은 물질에 대해 어떻게 교훈하고 있을까요?

1) 모든 피조물은 _____의 것입니다.(대상 29:10-20; 고전 3:21-23, 10:26; 골 1:15-17; 히 3:4)

2) 그리스도인들은 하나님의 것을 맡아 이용하고 관리하는 _____입니다.(창 1:28, 2:15, 9:1-2 등)

3) 그리스도인들은 세상이 아닌 하늘에 재물을 쌓아야 된다고 말씀합니다.(마 6:19-20; 눅 12:13-21; 딤전 6:18-19)

4) 그리스도인들은 하나님과 _____을 함께 섬길 수 없다고 말씀합니다.(마 6:24; 눅 16:13)

5) 그리스도인들은 물질적인 것보다 먼저 아버지의 나라와 아버지의 의를 구하라고 말씀합니다.(마 6:25-33)

6) 그리스도인들은 하나님께 드릴 물질과 나라의 세금을 구분하여 드리라고 말씀합니다. (마 22:21; 막 12:17; 눅 20:25)

7) ___을 사랑하는 것이 모든 악의 뿌리라고 말씀합니다.(딤전 6:10)

8) 가진 것에 _____하는 것은 경건에 도움이 되지만, 돈을 더 많이 얻으려고 하다가는 진실한 믿음에서 떠나 더 큰 근심과 고통만 당하게 될거라고 말씀합니다.(전 5:11-20; 딤전 6:6-10; 히 13:5 등)

9) 돈을 사랑하는 사람들은 가진 돈이나 지금 버는 수입에 만족하지 않는다고 말씀합니다. (전 5:10)

10) 사람들이 아무것도 없이 태어난 것처럼, 죽을 때도 아무것도 가지고 갈 수 없다고 말씀합니다.(전 5:15)

11) 후하게 베푸는 사람은 부유해지지만, 인색한 사람은 가난해진다고 말씀합니다.(잠 11:24, 28:27)

12) 적은 재물로 의롭게 사는 것이 부정한 재물을 쌓아 놓고 사는 것보다 낫다고 말씀합니다.(잠 16:8)

13) 하나님께서는 가난한 사람을 돕는 사람들을 기억하고 은혜를 주신다고 말씀합니다. (잠 19:17; 행 10:1-48)

14) 하나님의 교회에 내야 하는 물질에 부자와 가난한 사람의 차별이 없다고 말씀합니다. (출 30:15)

이론편 43

15) 돈으로 다른 사람의 생명을 구할 수 없고, 영원히 살게 할 수도 없다고 말씀합니다.(시 49:7-9)

---

2 **그리스도인들이 돈을 벌 때의 기준은 무엇일까요?**

_____에 기준을 두고 바르게 돈을 벌어야 하며, 신앙생활과 가정생활, 그리고 사회생활에 지장이 없을 만큼 벌어야 합니다.(잠 16:8, 30:8-9)

---

3 **그리스도인들은 물질을 어떻게 사용(소비)해야 할까요?**

_____께 드리고(신 6:5, 14:22-23; 잠 3:9-10; 말 3:8-9; 마 22:34-40, 23:23; 눅 21:1-4; 고전 16:2; 고후 9:5-7 등), 자신이 누리고(마 22:34-40; 고전 6:12, 10:23-33 등) _____에게 나누는데 사용해야 합니다.(시 112:9; 마 5:13-16, 22:34-40; 눅 12:33; 행 2:44-45, 4:32-37; 고후 8:14-15, 9:11-13; 약 2:8 등)

---

4 **하나님께서 그리스도인들에게 드리고 나누라고 하시는 이유는 무엇일까요?**

하나님의 말씀에 기쁨으로 _____하는지 보시기 위해(고후 9:13), 물질에 마음을 두지 않고 하나님께 마음을 둠으로 _____을 얻게 하기 위해(시 62:10; 마 6:20-21; 딤전 6:17-19), 그리고 더 좋은 것을 주시기 위해서입니다.(고후 9:8)

---

5 **그리스도인들이 빚을 지는 문제에 대해 어떻게 말씀할까요?**

다른 사람들에게 _____의 빚 이외는 빚을 지지 말라고 말씀합니다.(롬 13:8) 왜냐하면 빚을 지게 되면 꾸어준 사람에게 종처럼 되어 _____를 잃어버리기 때문입니다.(잠 22:7) 또한 가난한 사람에게 돈을 빌려 준 후에는 빚쟁이처럼 굴지 말고, 이자도 받을 생각을 말라고 말씀합니다.(출 22:25-27; 레 25:35-38; 신 24:10-13)

---

6 **그리스도인들이 빚보증을 서는 것에 대해 어떻게 말씀할까요?**

빚보증을 서지 말라고 말씀합니다. 갚지 못하면 우리가 가진 _____ 것을 빼앗길 수 있기 때문입니다.(잠 6:1-5, 11:15, 17:18, 22:26-27) 빚보증 때문에 개인과 가정을 어렵게 하거나 가정을 깨뜨릴 수 있음을 알아야 합니다.

7 **그리스도인들이 뇌물을 주고받는 것에 대해 어떻게 말씀할까요?**

뇌물을 주고받는 것은 옳지 않은 것으로, 뇌물은 _____을 의롭지 못하게 하며, 재판하는 사람들이 재판을 제대로 하지 못하게 하며, ___이 뇌물을 받음으로 인해 나라를 망하게 한다고 말씀합니다.(출 23:8; 삼상 12:1-4; 잠 17:8, 23, 29:4 등)

8 **부유한 사람들과 가난한 사람들에게 주시는 물질적인 교훈은 무엇일까요?**

부자가 _____에 들어가는 것은 아주 어렵고(마 19:16-24), 부자는 교만하거나 돈을 의지하지 말고 선한 일과 베풀며 살아야 하며(딤전 6:17-19), 부자는 재물이 많으므로 _____ 때문에 잠을 이루지 못하며(전 5:12), 부자는 영적인 부족함을 보여주신 것을 자랑해야 하고(약 1:10), 부자는 자기의 쾌락과 유익만을 위해 사는 어리석은 부자가 되지 말고(눅 12:13-21), 부자는 사치와 쾌락만 즐기거나 품삯을 주지 않으면 고난이 닥칠 것을 알아야 한다고 말씀합니다. (약 5:1-6) 그리고 가난한 사람들은 _____으로 부하게 하신 하나님께 감사하고(약 1:9, 2:5-6), 하나님께서 가난한 사람들을 불쌍히 여기신다고 말씀하며(삼상 2:8; 시 72:13, 113:7), 행실이 바른 가난한 사람이 행실이 나쁜 부자보다 낫다고 말씀하며(잠 28:6), 부자의 재물은 견고한 성과 같고, 가난한 자의 궁핍은 그를 망하게 하기도 하고(잠 10:15, 18:11), 가난한 사람은 간청하듯이 말하지만 부자는 거만하게 대답하고(잠 18:23), 부자는 자기 재물로 생명을 구할지 모르나, 가난한 사람은 위협받을 일이 없다(잠 13:8)고 말씀합니다.

9 **물질에 대해 교회에게 주시는 교훈은 무엇일까요?**

1) 교회를 세속적인 장소로 전락시키지 말아야 합니다.(마 21:12-13; 요 2:13-16)
2) 가난한 사람들과 부유한 사람들을 _____ 없이 대해야 합니다.(약 2:1-7)
3) 성도들 간에 서로 _____으로 교회 안에 가난한 사람과 부족한 사람이 없게 해야 합니다.(행 2:44-45, 4:32-35)
4) 가난하고 힘든 교회와 가난한 사람들을 기쁜 마음으로 도와야 합니다.(고후 8:1-15, 9:1-15)
5) 물질적인 부자가 아닌 _____ 부자가 되어야 합니다.(계 3:17-18)

10 **사람들이 가진 물질은 누구의 능력으로 얻어진 것일까요?**

사람들은 자기의 능력으로 물질을 얻는 줄 알지만, 사실은 _____께서 주셔야만 물질을 얻을 수 있다고 말씀합니다.(신 8:17-18; 삼상 2:7; 대상 29:11-12; 욥 1:21; 시 49:1-20; 잠 10:22; 전 5:19; 호 12:6-9; 고후 9:10; 딤전 6:17)

토론 및 적용 질문

1. 당신이 가진 소유를 하나님께서 원하시면 언제라도 드릴 믿음으로 살고 있습니까?
2. 당신의 신앙생활과 자녀들의 신앙 교육을 위해 가난한 삶을 선택할 마음이 있습니까?
3. 당신은 물질을 하나님께 드리고, 자신이 누리고, 다른 사람들에게 나누는 일에 균형 있게 사용하고 있다면, 어떻게 사용하고 있는지 나눠봅시다.
4. 당신이 가난한 사람들을 위해 물질을 나눈 일이나 당신이 가난하여 구제를 받은 적이 있었다면 나눠봅시다.
5. 당신은 가난으로 인해 사람들과의 관계가 멀어졌던 적이 있었다면 나눠봅시다.
6. 가족 중에 사기를 당했거나 도박에 빠져 힘들었던 적이 있었다면 나눠봅시다. 또한 가족 중에 쇼핑 중독을 비롯해 사치와 낭비로 힘들었던 적이 있었다면 나눠봅시다.
7. 당신은 빚에 대한 에피소드나 보증을 섰다가 문제가 된 적이 있었다면 나눠봅시다.
8. 사람들이 물질에 집착하는 이유가 무엇이라고 생각합니까? 그리고 그렇게 물질에 집착하는 사람들에 대한 성경의 교훈은 무엇일까요?(참조. 눅 12:16-21; 딤전 6:10)
9. 물질을 얻는 것이 당신의 능력이 아닌 하나님께서 주셔야만 얻을 수 있음을 경험적으로 알고 있다면 나눠봅시다.
10. 자녀들에게 믿음의 유산과 물질의 유산 중 어느 것을 물려주고 싶은지 나눠봅시다.

해답

1. 하나님, 청지기, 재물, 돈, 만족   2. 하나님의 말씀   3. 하나님, 이웃
4. 순종, 생명   5. 사랑, 자유   6. 모든   7. 의로운 사람들, 왕
8. 천국, 걱정, 믿음   9. 차별, 나눔, 영적인   10. 하나님

청년들을 위한
결혼생활
안내서

실천편

 **제1-1과** **자존감과 마음의 상처**
(마음에 대한 가르침의 실천편)

1 성경적인 자존감의 의미

그리스도인으로서의 자존감은 하나님의 자녀로서의 정체성을 가진 사람들이, 자기 자신에게 가치를 부여하고, 사랑하며, 귀하게 여기는 마음입니다.(참조. 시 139:13-18; 사 43:1-4; 요 1:12; 롬 8:13-17; 갈 4:6-7 등) 그래서 그리스도인들은 마음에 하나님을 귀하게 여기는 마음, 자기 자신을 귀하게 여기는 마음, 그리고 가족들과 이웃들을 귀하게 여기는 마음이 있어야 합니다.(마 22:34-40 등) 그리고 그리스도인들은 자존감이 높은 사람과 결혼을 해야 합니다.

2 하나님과 마귀가 그리스도인들을 대하는 방법

1) **하나님**: "너를 위해 내 아들(예수 그리스도)을 십자가에 내어놓았을 만큼 너를 사랑한다."고 말씀하시고, 그 사랑에 걸맞는 모습으로 항상 귀하게 대하십니다. (참조. 롬 5:8; 요일 4:7-19 등)

2) **마귀**: "너는 약하고 부족하며, 악하고 죄로 물들어 쓸모없는 존재이며, 할 수 있는 일도 없고, 하나님과 사람들도 너를 사랑하지 않는다."고 속입니다.(참조. 요 8:42-44)

3 자존감이 높은 사람의 특징

항상 하나님의 말씀대로 살려고 하고, 자신이 하나님의 자녀임을 알고 당당하게 살고, 자신의 모든 것을 하나님의 은혜로 알고 감사하고, 어떤 일을 하거나 어떤 상황이 되든 하나님을 믿고 의지함으로 이겨내며, 항상 기도로 하나님의 도우심을 구하며, 하나님 중심으로 살고, 사람을 만날 때나 일을 할 때 항상 최선을 다하며, 마음과 삶에 기쁨이 넘쳐나고, 자신을 귀하게 여기는 것처럼 다른 사람들의 가치를 인정하고 귀하게 여기며, 밝고 긍정적인 감정 표현을 많이 하며, 부정적인 생각보다 긍정적인 생각을 많이 하며 삽니다.

4 자존감이 낮은 사람의 특징

형식적인 신앙일 때가 많고, 영적인 기복이 심해 쉽게 시험에 들며, 자신이 하나님의 자녀임을 잊어버릴 때가 많고, 마음과 삶에 감사가 많이 부족하며, 자신이 가치 없는 사람인 것 같은 표현을 자주 하고, 자기 자신과 다른 사람들을 귀하게 여기지 않는 경우가 많으며, 한숨을 쉬는 등 사는 것을 힘들어 하고, 좋고 밝은 감정보다 나쁘고 어두운 감정 표현을 많이 하고, 감정의 기복이 크며, 안 좋은 일이 생기면 쉽게 낙심하고, 작은 일에 쉽게 근심하며, 마음과 삶에 기쁨이 없을 때가 많고, 사람을 만날 때나 일을 할 때 최선을 다하지 않으며, 사람 탓, 환경 탓 등 부정적인 생각, 부정적인 말을 많이 하며 삽니다.

5 낮은 자존감의 결과

1) 하나님과의 영적인 관계에 문제가 생깁니다.(신 6:1-9, 11:1-32; 마 22:37; 약 4:4-10 등) 하나님을 사랑하고, 순종하고, 의지하고, 하나님의 뜻대로 살려는 모습들은 줄어들거나 없어지고, 하나님을 멀리하고, 피하고, 불순종하고, 불평하는 등 자기 뜻대로 살려는 마음이 늘어납니다.

2) 마음에 부정적이고 악한 것들이 쌓입니다.(마 15:16-20; 막 7:14-23 등. 참조. 창 6:1-5) 사람이나 어떤 일에 긍정적이고, 적극적이고, 용기 있고, 담대한 마음은 줄어들고, 의심, 걱정, 두려움, 미움, 음행, 거짓 등 부정적이고 악한 생각들이 마음에 쌓입니다.

3) 자신이 가치 없는 사람인 것처럼 여깁니다.(참조. 사 43:1-4) 자신이 귀하고 사랑받는 존재라는 마음은 없어지고, 피해의식, 버림받음, 무능함, 열등감, 외로움 등이 마음에 늘어납니다.

4) 하나님 안에서의 꿈과 소망을 잊어버립니다.(시 39:7; 행 2:17-18 등) 하나님께 받은 은사와 비전대로 살려고 하지 않고, 육체적이고 세상적이고 물질적으로 삽니다.

5) 다른 사람들과의 관계가 좋지 못하게 되거나 관계가 깨어집니다.(마 22:39-40; 벧전 1:17 등) 사람들을 사랑하고, 신뢰하고, 인정하고, 존중하는 마음은 없어지고, 비난하고, 욕하고, 속이고, 무시하는 마음들은 늘어납니다.

6 그리스도인들이 자존감을 높이는 방법

1) 하나님과의 영적인 만남을 위해 끊임없이 말씀을 읽고, 실천해야 합니다.(딤후 3:14-17; 계 3:20 등)

2) 예수 그리스도를 믿음으로 구원 받아 하나님의 자녀가 된 사람으로서, 자신이 귀한 존재임을 항상 생각하며 살아야 합니다.(롬 5:8, 8:13:-17, 29-39; 갈 4:6-7 등)

3) 우리는 약한 존재임을 인정하고 하나님께 도움을 요청해야 합니다.(마 7:7-11; 고후 12:9-10; 빌 4:13 등)

4) 적극적으로 선을 행하며 살고, 죄를 지으면 바로 회개해야 하고, 회개 후에는 지나친 죄의식을 갖지 말아야 합니다.(롬 8:1-17; 갈 6:9; 살후 3:13; 약 4:17 등)

5) 하나님께 받은 은혜를 기억하며, 항상 기뻐하고 감사하는 삶을 살아야 합니다.(살전 5:16-18)

6) 성령의 도우심으로 좋은 마음과 삶을 지키려는 노력을 해야 합니다.(잠 4:23; 갈 5:16-26 등)

7) 자존감이 높은 사람들과 교제해야 합니다.(잠 18:24, 27:17)

7 자존감이 높은 사람이 배우자를 대하는 자세

1) 배우자를 위해 쉬지 않고 기도해 줍니다.
2) 배우자가 가진 모든 것을 있는 그대로 이해해 주고 받아들입니다.
3) 배우자가 잘못했을 때는 잘 용서하고 포용해 줍니다.
4) 배우자가 잘한 일이 있을 때는 칭찬과 격려를 아끼지 않습니다.
5) 배우자가 근심할 때는 함께 근심하는 것이 아니라, 용기를 가지고 위로해 줍니다.
6) 배우자가 최선을 다할 때 감사와 고마움을 전합니다.
7) 배우자가 하고자 하는 일을 최대한 도와주고, 지원해 줍니다.
8) 배우자를 향한 사랑과 신뢰가 식지 않도록 노력합니다.
9) 배우자와 갈등이 생기면 먼저 들어주고, 그 마음을 이해하고 인정해 줍니다.
10) 배우자를 위한 배려와 배우자가 좋아하는 것을 해 주려는 노력을 멈추지 않습니다.

8 마음의 상처

마음의 상처는 대부분 다양한 관계(가족관계, 친구관계, 사회관계 등)와 여러 가지 환경적인 이유로 시작되지만, 마음의 상처는 개인적인 영역(영적, 육체적, 정신적) 뿐만 아니라 사람들과의 관계, 부부생활, 가정생활, 교회생활, 그리고 사회생활에 아주 큰 영향을 줄 수 있기에 마음의 상처를 제대로 치유해야 합니다. 마음의 상처는 자존감을 낮아지게 하기도 하고, 자격지심과 열등감, 자신감 결여, 부정적인 성향, 폭력적인 성향, 집착, 불안장애, 강박증, 분노조절 장애, 우울증, 피해 망상, 그리고 사람들과의 관계를 제대로 맺을 수 없게도 합니다. 특히 마음의 상처가 제대로 치유되지 않으면 무시, 경멸, 분노, 폭행, 살인(자살 포함), 강간 등 죄악을 저지르는 원인이 될 수도 있습니다.

9 마음의 상처가 있는 사람들에게서 나타나는 현상들

마음의 상처와 그로 인한 낮은 자존감, 부정적인 자아상, 열등감 등은 자신만 힘들게 하는 것이 아니라, 영적인 문제, 감정적인 문제, 생각과 말과 행동의 문제, 가족 및 다른 사람들과의 관계의 문제, 사회문제 등 다양한 문제를 일으킬 수 있습니다.

1) **영적인 문제:** 마음의 상처는 하나님과의 친밀한 관계를 맺지 못하게 하거나 교회 생활을 제대로 할 수 없게도 합니다. 하나님의 은혜와 사랑에 대한 기쁨과 감사는 없고, 자신을 하나님께 버림받은 사람처럼 여겨 신앙생활도 제대로 안 하고, 결국은 교회를 떠나 버리는 경우도 생기게 합니다.

2) **감정적인 문제:** 마음의 상처는 기쁨, 행복, 감사 등의 감정보다 항상 슬픔, 아픔, 힘듦, 두려움 등의 감정이 훨씬 많게 하며, 의기소침, 우울한 감정, 자기를 증오 하는 감정, 자기 비하나 자기 무시, 패배 의식, 실패자가 된 것 같은 감정, 불안 정하거나 기복이 심한 감정 등이 반복적으로 일어나게 하기도 합니다.

3) **생각과 말과 행동의 문제:** 마음의 상처는 부정적인 생각과 악한 생각을 증가시키고, 거짓말이나 나쁜 말을 하게 하고, 죄악된 행동들을 절제할 수 없게 하며, 폭언과 폭력을 행하게 하고, 무기력하고 의욕이 상실된 태도를 보이며, 게으름과 나태에 빠지게도 합니다.

4) **가족 및 다른 사람들과의 관계의 문제:** 마음의 상처는 함께 사는 가족들이나 다른 사람들과의 관계까지 힘들게 합니다. 그래서 마음의 상처는 다른 사람들과의 관계를 맺지 못하게 하거나 다른 사람들과 세상에 무관심하게 하고, 다른 사람들에 대한 병적인 집착을 갖게도 하고, 다른 사람들과의 비교를 통해 열등의식이나 우월의식을 갖게도 하며, 사람들과의 관계보다 컴퓨터나 물질이나 일에 빠지게 하기도 합니다.

5) **사회적인 문제:** 마음의 상처로 인해 사회와 세상을 부정적인 시각으로 바라보게 되기도 하고, 반사회적인 모습을 나타내게도 하고, 그로 인해 사회에 대해 쉽게 불만이 생기며, 사회와 세상에 대한 불만을 범죄와 반사회적인 행동으로 표출하 게도 합니다.

⑩ 마음의 상처를 치유하는 방법들

1) 자신의 마음의 상처를 치유자이신 하나님께 모두 털어놓고, 고쳐달라고 기도해야 합니다.(출 15:26; 시 62:1-12, 102:1-28; 히 4:16 등)

2) 하나님께 용서받은 사람답게, 자기에게 상처를 준 사람을 용서해야 합니다.(막 11:25; 눅 17:3-4 등)

3) 자신이 구원받아 새로운 사람(하나님의 자녀, 사랑 받는 사람, 존귀한 사람, 의로운 사람, 행복한 사람)이 된 것에 감사하여 옛 모습과 옛 삶을 버려야 합니다.(사 43:1-7; 요 1:12-13; 롬 6:6-14; 고후 5:16-17 등)

4) 하나님의 자녀로서 경건 훈련을 통해 마음의 상처를 이겨야 합니다.(딤전 4:6-8 등)

5) 목회자나 전문가와의 상담이나 멘토링, 그리고 믿음의 친구들과의 친밀한 교제를 통해 위로와 격려 등의 도움을 받아야 합니다.

제2-1과 남자와 여자의 차이
(남자와 여자에 대한 가르침의 실천편)

1 남자와 여자

하나님께서는 남자와 여자를 하나님의 형상으로 차별 없이 동등하게 창조하셨지만, 남자와 여자의 신체적인 모습, 역할, 질서는 서로 다르게 창조셨습니다.

2 남자와 여자의 차이에 대한 이해

남자와 여자는 여러 가지 면에서 차이가 있는데, 서로에 대해 그 차이를 완벽하게 이해할 수 없음을 인정해야 합니다. 남자와 여자의 차이를 통해 서로의 '다름'을 인정할 뿐만 아니라, 서로를 이해하고 알아가려는 노력과 서로를 돕고 배려하는 노력을 해야 합니다. 여기서 언급하는 남자와 여자의 차이들도 모든 사람들에게 동일하게 적용할 수는 없습니다. 왜냐하면 남자라고 해서 모두 남자적인 면만 가지고 있거나 여자라고 해서 모두 여자적인 면만 가지고 있는 것이 아니기 때문입니다. 또한 전체적으로 여성적인 남자와 남성적인 여자가 있을 수 있고, 부분적으로 여성적인 남자와 남성적인 여자가 있을 수 있기에, 자신과 만나는 사람이 어떤 성향의 사람인지를 먼저 알고 대한다면, 남자와 여자의 차이를 이해하고 받아들이는데 큰 문제는 없을 것입니다.

3 부부로서의 남자와 여자

부부가 된 한 남자와 한 여자는 서로 다른 모습으로 시작하고 평생을 다르게 살아가지만, 부부로 살면서 닮아가는 부분이 많아지는 특징이 있습니다. 부부는 신앙관, 가치관, 가정관, 물질관부터 생각의 차이, 표현의 차이, 태도의 차이, 생활 방식의 차이 등을 조금씩 줄여가서, 결국은 닮은 모습들이 늘어나게 되는 것입니다. 부부가 좋은 말과 행동, 습관들에서 서로 계속 닮아간다는 것은 그만큼 친밀하고 행복한 결혼생활을 하고 있다는 증거입니다. 물론 부부는 평생에 걸쳐 서로를 알아가려는 노력을 통해 서로의 차이를 줄여가며 살아야 합니다.

4 하나님께서 리더들을 세울 때 남자와 여자를 어떻게 구별하여 세웠을까요?

1) 남자는 여자에게 사랑받고, 인정받고, 존경받기를 원하고, 여자는 남자에게 사랑받고, 인정받고, 이해받기를 원합니다.

2) 남자는 지배하고 통제하려는 욕구가 강하지만, 여자는 지배와 통제가 아닌 사랑받고자 하는 욕구가 강합니다. 그러면서도 여자는 사랑하는 남자의 지배와 통제에는 순종하려는 욕구가 강합니다.

3) 남자는 독립적인 욕구와 보호하려는 욕구가 강하고, 여자는 의존적인 욕구와 보호 받으려는 욕구가 강합니다. 물론 남자보다 여자가 모성본능에 따른 보호본능이 훨씬 강하지만, 기본적으로는 남자에게 보호받으려는 욕구가 강합니다.

4) 남자는 결과를 중요시하고, 여자는 과정을 중요시합니다. 물론 남자와 여자는 모두 좋은 과정과 좋은 결과를 동시에 기대합니다.

5) 남자와 여자는 기본적인 욕구에서 작은 차이가 있지만, 그럼에도 불구하고 다른 사람들에게 좋은 말을 듣고 싶고, 좋은 대접을 받고 싶어하는 것에서는 동일합니다. 그러기에 자신이 원하는 것을 상대방에게 해 주려는 배려가 필요합니다.

5 신체적인 차이

1) 남자는 여자를 보호하고 도와줄 만큼 신체적으로 강한 반면, 여자는 남자를 보호하고 도와줄 만큼 정신적으로 강합니다.

2) 남자는 여자보다 시공간 능력이나 논리적인 부분이 뛰어나 기술적인 일을 잘 하는 반면, 여자는 남자보다 언어적인 능력이 뛰어나 다른 사람들과의 관계를 잘 맺습니다.

3) 남자는 시각과 후각이 뛰어난 반면, 여자는 청각과 촉각이 뛰어납니다.

4) 남자는 여자보다 순발력이 뛰어난 반면, 여자는 남자보다 유연합니다.

5) 남자는 순간적인 힘이 강한 반면, 여자는 지구력이 뛰어납니다.

6 소통과 대화의 차이

1) 남자는 여자와의 소통 방법이 단순하지만, 여자는 남자와의 소통 방법이 아주 다양합니다.

2) 남자는 모든 대화에서 결론이 가장 중요하지만, 여자는 대화의 과정, 즉 대화를 하는 자체가 중요합니다. 그래서 남자는 여자에게 하고 싶은 말의 결론을 준비나 감정 없이 말할 수 있는 반면, 여자는 남자에게 하고 싶은 말의 결론을 말하기 위해 준비와 감정의 도움을 필요로 합니다. 그래서 남자는 결론 중심으로 대화를 짧게 하고, 여자는 감정과 과정을 포함해 대화를 길게 하는 것입니다.

3) 대화를 할 때 여자는 남자를 위해 결론을 먼저 말하고 과정을 설명하는 것이 필요하고,

남자는 여자가 과정을 말할 때 끝까지 귀 기울여 들어주는 인내가 필요합니다. 다시 말해 남자는 대화를 통해 여자에게 해결책을 제시하지만, 여자는 대화를 통해 남자의 이해와 동감을 얻기를 원합니다.

4) 여자가 남자에게 결론에 대한 의견을 묻기 전에는 남자는 여자에게 자신의 생각을 담은 결론을 미리 말하면 안 됩니다. 그리고 여자는 남자가 결론을 말하려고 할 때 짜증이나 화를 내지 말고, 좀 더 자신의 말을 들어 달라고 정중하게 요구해야 합니다.

5) 남자는 공적인 자리에서 말이 많고, 여자는 사적인 자리에서 말이 많은 편이라고 합니다. 대부분의 남자들은 개인적인 삶이나 가정보다 사회생활을 더 중요하게 여기고, 대부분의 여자들은 사회생활보다 개인적인 삶과 가정을 더 중요하게 여긴다고 합니다.

6) 남자는 거의 대부분의 상황에서 개인적인 대화보다 객관적이고 공적인 대화를 많이 하는 반면, 여자는 객관적이고 공적인 대화보다는 개인적인 대화를 많이 합니다.

7) 남자는 대화를 할 때 긴장하거나 스트레스를 받는 반면, 여자는 대화를 할 때 긴장이 풀리고 스트레스가 해소됩니다. 물론 나이와 환경의 변화에 따라 남자와 여자의 대화의 방법이나 대화를 대하는 자세에 큰 변화가 생기기도 하기에, 서로의 대화법에 대해서도 관찰을 게을리 하면 안 됩니다.

8) 남자는 여자와 대화가 잘 통하지 않아도 자신의 요구를 잘 들어줄 때 사랑을 느끼는 반면, 여자는 남자가 자신의 말과 요구를 다 잘 들어줄 때 사랑을 느낍니다.

9) 남자가 여자에게 거칠거나 부정적인 말을 하 때는 대부분 욕구불만이 원인이며, 여자가 남자에게 거칠거나 짜증내는 말과 행동을 할 때는 대부분 애정결핍이 원인입니다.

10) 다른 사람들과 말을 해야 할 때는 언어가 발달한 여자가 나서서 하는 게 좋고, 다른 사람들과 일을 해야 할 때는 논리적인 부분이 발달한 남자가 나서서 하는 게 좋습니다.

7 심리적인 차이

1) 남자는 능력 있고 강한 남자다움을 추구하는 반면, 여자는 온유하고 지혜로운 여자다움을 추구합니다.

2) 남자는 외향적인 성향을 남자다움이라고 여기는 반면, 여자는 내성적인 성향을 여성스러움이라고 여깁니다.

3) 남자는 객관적이고 이성적으로 행동하는 편인 반면, 여자는 주관적이고 감정적으로 행동하는 편입니다.

4) 남자는 사건이나 사물에 대한 감각이 뛰어난 반면, 여자는 사람이나 동물(식물)에 대한

감각이 뛰어납니다.

5) 남자는 식사, 운동, 사회활동 등을 통해 사람들과 주로 소통하는 반면, 여자는 식사, 대화, 쇼핑 등을 통해 사람들과 주로 소통합니다.

6) 남자는 자신이 원하는 일을 성취했을 때 만족도가 높은 반면, 여자는 자신이 원하는 사람과 즐거운 만남을 가졌을 때 만족도가 높다고 합니다.

7) 남자는 관계보다 승부를 더 중요하게 생각하는 반면, 여자는 승부보다 관계를 더 중요하게 생각합니다.

8) 남자는 스포츠나 뉴스, 다큐멘터리 등을 보면서 감정적인 자극을 크게 받는 반면, 여자는 드라마나 영화, 소설이나 수필 등과 같은 사람들의 이야기를 들으면서 감정적인 자극을 크게 받습니다.

9) 남자는 패션을 비롯해 문화와 사회적인 유행이나 상황에 민감하지 못한 반면, 여자는 유행이나 상황에 민감하여 빠르게 유행이나 상황에 맞게 삽니다.

10) 남자는 강한 몸과 능력을 갖기 위해 운동하고 사회생활에 필요한 지식을 습득함으로 자신을 관리하는 반면, 여자는 아름다움과 지혜를 갖기 위해 외모를 가꾸고 운동을 하거나 실생활에 필요한 지식을 습득함으로 자신을 관리합니다.

8 표현의 차이

1) 남자와 여자는 사랑을 표현하는 방법에 차이가 있을 때가 많은데, 여자가 남자보다 더 섬세하고, 더 친밀하게 사랑을 표현하는 편입니다.

2) 남자는 자신의 감정을 표현하는 것을 어색해 하는 반면, 여자는 자신이 감정을 표현하는 것을 잘합니다.

3) 남자는 자신의 감정을 잘 절제하고 감정의 기복이 없는 반면, 여자는 자신의 감정을 잘 절제하지 못하고, 감정의 기복도 심한 편입니다.

4) 남자는 객관적이고 논리적이며, 여자는 주관적이고 감성적입니다.

5) 남자는 문제를 감추고 혼자 해결하려고 하고, 여자는 문제를 다른 사람에게 말함으로 함께 해결하려고 합니다.

9 성적인 차이

1) 남자는 상황과 상관없이 순간적으로 성 관계에 대한 욕구가 생길 수 있는 반면, 여자는 친밀한 사랑의 감정을 느낄 때 성 관계의 욕구가 생긴다고 합니다.

2) 남자는 성적인 반응과 성적인 주기가 빠른 반면, 여자는 성적인 반응과 성적인 주기가 느립니다.

3) 남자는 성 관계를 여자와의 소통이라고 생각하는 반면, 여자는 소통의 결과로 남자와 성 관계를 합니다.

4) 남자는 성 관계가 대화보다 중요하다고 여기는 반면, 여자는 대화가 성 관계보다 중요하다고 여깁니다.

5) 남자는 성 관계의 횟수를 중요시하는 반면, 여자는 성 관계의 횟수보다 성 관계의 만족도를 중요시합니다.

6) 남자는 시각과 후각으로 성적인 반응이 일어나는 반면, 여자는 오감(시각, 청각, 후각, 미각, 촉각)을 모두 사용함으로서 성적인 반응이 일어납니다.

7) 남자는 아름다운 여자를 보면 본능적으로 성적인 반응이 생기는 반면, 여자는 멋진 남자를 보면 본능적으로 대화하거나 사귀고 싶은 마음이 생깁니다.

⑩ 가정에 대한 차이

1) 남자는 가정적이기보다는 사회적인 반면, 여자는 사회적이기보다는 가정적입니다. 특히 남자는 여자에 비해 가정에 대한 이해도가 부족하고, 가사에 대한 참여도도 떨어집니다.

2) 남자는 좋은 가정을 만들기 위해 사회생활을 열심히 하는 반면, 여자는 좋은 가정을 만들기 위해 가정생활을 열심히 합니다.

3) 남자는 가정을 돌볼 책임이 여자에게 있다고 생각하는 반면, 여자는 가정을 돌볼 책임은 남자와 여자 모두에게 있다고 생각합니다.

 **제3-1과** **이성 교제**
(배우자 선택법에 대한 가르침의 실천편)

1 이성 교제

이성 교제는 하나님 안에서 결혼을 하기 위해 한 명의 그리스도인 남자와 한 명의 그리스도인 여자가 하나님 안에서 만나 함께 다양한 활동을 통해 시간을 보냄으로, 결혼을 해도 되는 사람인지를 알아가는 교제를 의미합니다. 결혼을 하기 위해서 이성 교제는 꼭 필요한 시간입니다.

2 이성 교제의 목적

이성 교제는 결혼을 하기 원하는 남녀들이 하나님께서 허락하신 배우자인 동시에 자기 자신과 맞는 배우자를 제대로 찾고, 그 사람과의 결혼을 통해 하나님께서 기뻐하시는 가정을 세우기 위한 준비에 목적이 있습니다.

3 이성 교제의 대상

이성 교제를 할 수 있는 사람은 그리스도인이어야 하며, 이성이어야 하고, 현재 혼인 상태가 아닌 사람이어야 합니다. 특히 혼인 상태가 아닌 사람이라도 이혼 등으로 인해 그 사람과 결혼을 함으로서 간음죄를 짓게 되는 경우라면 그 사람과는 이성 교제를 해서는 안 됩니다. 그 외에 정신적인 문제가 있는 사람, 범죄자, 중증 장애인, 사회생활을 하기에 나이가 어린 사람, 그리고 자신과 모든 면에서 너무 차이(생각, 나이, 수준 등)가 많이 나는 사람과의 교제는 심각하게 기도하고 생각한 후 결정해야 합니다.

4 이성 교제를 통해 꼭 알아야 할 중요한 사항들

1) 하나님께서 허락하시고, 자신과 맞는 배우자인지 확실하게 알아야 합니다.

2) 결혼과 가정의 중요성과 필요성을 정확히 알아야 합니다.

3) 파트너에 대한 정확한 이해와 배우자로 선택해도 되는 사람인지 제대로 알아야 합니다.

4) 자신이 배우자로, 또 가정을 세워갈 사람으로 준비된 사람인지 알아야 합니다.

5) 이성을 비롯한 다른 사람들과 소통에 문제가 없는지 알아야 합니다.

5 이성 교제를 할 때 가장 필요한 마음 가짐

이성 교제는 인생에서 가장 중요한 일 중에 하나인 결혼을 하기 위해서 하는 것이기에, 그 어떤 일보다 기도함으로 하나님의 도우심을 받아 신중하게 진행해야 합니다. 너무 감정에 치우친다든지, 너무 외모나 조건만 생각하지 말고, 파트너의 신앙, 인격, 가치관, 윤리관, 가정관, 경제관, 그리고 사람들과의 관계나 말과 행실 등을 시험 보듯이 세밀하게 관찰하여 자신과 맞는 정확한 배우자인지를 찾겠다는 마음가짐이 있어야 합니다. 흔히 이성 교제를 로맨틱하게 하려고 많이 노력하는데, 로맨틱한 시간은 결혼 후에 가져도 늦지 않기에 이성 교제는 시험 보듯이 해야 합니다. 이성 교제를 통한 배우자 선택은 평생을 좌지우지할 만큼 큰 선택임을 명심해야 합니다.

6 이성 교제를 중단해야 할 때

1) 이성 교제를 하는 파트너가 예수 그리스도를 믿지 않는다고 하거나 교회를 다니지 않겠다고 할 때
2) 이성 교제로 인해 하나님과의 관계가 멀어지고, 신앙생활을 제대로 하지 못하게 될 때
3) 이성 교제로 인해 자신의 생활에 심각한 문제들이 생기고, 거짓말이 늘고, 범죄 등을 저지르게 될 때
4) 이성 교제로 인해 파트너나 자신의 가족들과 크고 작은 갈등(분노, 다툼, 싸움 등)이나 폭력(폭언, 폭행)이 일어나거나 그 갈등이나 폭력으로 인해 자신의 가족들과 관계가 깨어질 때
5) 이성 교제를 하는 동안 자신이나 파트너가 성관계를 요구할 때

7 이성 교제를 할 때 점검해야 하는 사항들 (자신도 이 사항들을 잘 지키는 사람인지 점검해야 합니다.)

1) 구원받은 그리스도인이며, 성경을 기준으로 살고, 신앙적인 색깔이 같은 사람인지 점검해야 합니다.
2) 세계관(신앙관, 가정관, 윤리관, 인간관, 문화관, 경제관 등)과 가치관에 대해 점검해야 합니다.
3) 하나님, 자기 자신, 그리고 이웃들을 사랑하는 사람인지 점검해야 합니다.
4) 건강(영적, 육체적, 정신적)한 사람인지 점검해야 합니다.
5) 가정과 가족들을 귀하게 여기고, 가족들과 좋은 관계를 맺고 사는 사람인지 점검해야 합니다. 물론 마마보이나 마마걸인지도 점검해야 합니다.

6) 대화의 수준이 비슷하고 대화가 잘 통하여, 만나면 평안한 사람인지 점검해야 합니다.

7) 말과 행위가 일치하고, 거짓이 없이 정직하고, 선한 사람인지 점검해야 합니다.

8) 다른 사람들과 좋은 관계를 맺으며, 사람들에게 좋은 사람이라고 칭찬받는 사람인지 점검해야 합니다.

9) 서로가 진심으로 서로를 사랑하고 신뢰하고 존경하는지, 배려하고 포용해 주는지 점검해야 합니다.

10) 자신의 삶에 최선을 다하고, 감사하고 만족하며 사는 사람인지 점검해야 합니다.

11) 파트너의 결점과 부족한 모습이 보이지만, 덮어줄 수 있는 수준의 사람인지 점검해야 합니다.

12) 하나님께서 자연스럽고 순조롭게 결혼으로 인도하는 사람인지 점검해야 합니다.

13) 이성 교제를 하는 동안 정해 놓은 기준과 계획을 잘 지키는 사람인지 점검해야 합

14) 자신과 파트너가 대부분 잘 맞을 뿐만 아니라, 서로를 잘 이해하고 있는지 점검해야 합니다.

15) 감정(분노조절), 관계, 일, 선택 등 모든 일에 절제를 잘 하고, 안정적인 사람인지 점검해야 합니다.

16) 성격이 어떤(집착적 성향, 무책임, 부정적, 조급함, 과격함, 우유부단 등) 사람인지 점검해야 합니다.

17) 책임감과 의무감이 있는 사람인지, 부지런하고 성실한 사람인지 점검해야 합니다.

18) 경제적인 관념(정직하게 벌고, 낭비벽 없고, 물질에 집착하지 않는 사람)이 좋은 사람인지 점검해야 합니다.

19) 중독(술, 마약, 도박, 성 등), 집착, 범죄 경력, 폭력 성향 등이 없는 사람인지 점검해야 합니다.

20) 성적인 문제(동성애, 양성애, 성 중독, 왜곡된 성의식, 변태 성욕, 임신 경험 등)가 없는 사람인지 점검해야 합니다.

8 이성 교제를 잘 하기 위한 방법

1) 하나님께 항상 기도하고 만나고, 만나면 함께 기도해야 합니다.

2) 성경과 책, 그리고 부모나 믿음의 선배들을 통해 남자와 여자의 차이나 이성 교제에 대해 배워야 합니다.

3) 자신이 원하는 배우자는 어떤 사람인지 구체적으로 적어서, 교제하는 동안 계속 확인해야 합니다.

4) 이성 교제를 위해 다양한 대화의 주제와 서로 알아야 할 것들을 적어서 활용해야 합니다.

5) 이성 교제를 할 때 먹고 마시고 노는 것에 올인하지 말고, 함께 할 수 있는 것들을 실제적으로 찾아 행해야 합니다. 예를 들어 성경읽기, Q.T., 예배, 기도, 찬양 집회, 다양한 모임 참여, 성경적인 결혼과 가정, 남녀의 차이 등에 대한 배움, 봉사활동 등을 통해 서로의 모습을 더 세밀하게 관찰해야 합니다.

6) 파트너를 정확히 알기 위해 다양한 사람들과 함께 만나고, 다른 사람들로부터 교제 중인 파트너에 대한 좋은 충고와 나쁜 충고를 무시하지 말고 잘 들어야 합니다.

7) 이성 교제를 하는 동안 파트너의 좋은 점, 좋지 못한 점들, 그리고 중요한 약속이나 대화 내용들, 다투거나 싸웠던 내용들 등을 잘 적어서 돌아보는 시간을 가져야 합니다.

8) 만남에 기준을 정하고, 만남을 준비하고, 계획성 있는 만남을 가져야 합니다.

9) 이성 교제의 우선순위를 결혼할 배우자를 찾는 일, 즉 파트너를 알아가는 일에 두어야 합니다.

10) 서로 만나고 싶어도 잠시 동안 만날 수 없는 상황이 생길 수 있음을 서로 인정하고, 파트너에게 너무 집착하지 말아야 합니다.

9 이성 교제에서 절대 하지 말아야 할 행동

이성 교제를 하는 동안에는 절대 성 관계를 하지 말아야 합니다. 특히 이성 교제를 하는 동안 성적인 유혹이 찾아올 수 있기에, 성적으로 넘어질 수 있는 상황을 만들지 않도록 항상 기도하며 주의하고 노력해야 합니다. 그리고 예수 그리스도를 믿지 않는 불신자를 하나님께서 자신에게 허락하신 배우자라고 확신하거나 배우자로 결정하는 어리석은 행동을 하면 안 됩니다.

10 결혼을 결정하기 전에 꼭 생각해야 할 것들

1) 믿지 않는 사람과의 결혼은 하나님의 자녀가 마귀의 자녀와 결혼을 하는 것임을 기억해야 합니다. 혹시라도 믿지 않는 사람을 전도하기 위해 결혼하려고 한다면, 차라리 선교사로 지원하여 평생 복음 전도자의 삶을 사는 것이 낫습니다.

2) 이성 교제를 하는 동안 폭행이나 분노조절이 안 되었던 적이 있었는데도 결혼하려고 한다면, 결혼 후 폭행이 늘고 심지어 폭행당해 죽을 수도 있음을 기억해야 합니다. 결혼하면 그런 모습이 바뀔거라는 생각은 머리에서 지워야 합니다.

3) 결혼 적령기는 하나님께서 예비하신 진짜 사랑하는 사람을 만났을 때입니다. 나이 때문에 조급하게 결혼하면 평생 후회하며 살 수도 있습니다. 특히 자녀를 갖기 위해 빨리 결혼하려고 하는 사람들은, 하나님께서 주시고자 하시면 아브라함과 사라처럼 100세에도 주실 수 있음을 기억해야 합니다.

4) 자기 자신에 대한 비밀이나 가족들에 대한 비밀이 많은 사람과 결혼하려고 하는 사람은 어둠의 동굴에 들어가는 것과 같음을 기억해야 합니다. 결혼하려고 만나는 사람에게까지 비밀이 많다는 것은 거짓되고 속이는 사람일 가능성이 많습니다.

5) 전혀 친구가 없거나 다른 사람들과의 대인관계가 원만하지 않은 사람과 결혼하려고 한다면, 당신에게 집착하는 사람과 결혼하는 것임을 기억해야 합니다. 사람들은 그런 경우 자신만을 바라봐주기에 좋다고 말할 수도 있지만, 집착하는 사람과 살아보면 답답함을 넘어 숨이 막힙니다.

6) 이기적이고 자기 중심적인 사람과 결혼하려고 한다면, 결혼 후 사랑과 배려받지 못하며 산다고 수많은 불평을 하게 될 수 있음을 기억해야 합니다. 결혼은 서로 배려해 주고 존중해 주지 않으면, 심적인 고통이 많이 찾아오는 관계입니다.

7) 가정보다 사회생활, 가족보다 다른 사람들을 우선하는 사람과 결혼하려고 한다면, 배우자가 아닌 친구로 남는 것이 더 낫습니다. 이성 교제 때는 그런 사람이 멋있어 보여도, 결혼 후에는 가정적이지 못하다는 사실을 깨닫게 됩니다.

8) 일하기 싫어하거나 물질적인 개념이 없는 사람(사치와 낭비하는 사람, 돈에 집착하는 사람)과 결혼하려고 한다면, 결혼 후에 경제적인 문제로 고통 받게 될 수 있음을 기억해야 합니다. 결혼한다고 갑자기 책임감이 생기고, 물질적인 개념이 생기는 것이 아닙니다.

9) 중독(술, 마약, 도박, 성, 쇼핑, 게임 등)에 빠져있는 사람과 결혼하려고 한다면, 실패할 결혼생활을 바라는 사람과 같습니다. 물론 완벽한 사람은 없지만, 그래도 상식적인 삶을 사는 사람이자 일상적인 생활이 가능한 사람이어야 합니다.

10) 파트너에 대한 확신이 없어 결혼하면 불행할 것 같으면서도 결혼하려고 한다면, 결혼생활이 진짜 불행할 수 있음을 기억해야 합니다. 결혼은 사랑을 주고받으며 행복하게 살기 위해서 하는 것입니다.

제4-1과 결혼생활
(결혼에 대한 가르침의 실천편)

1 결혼

결혼은 한 남자와 한 여자가 사랑하고 신뢰함으로, 하나님과 사람들 앞에서 부부가 되는 서약을 통해 가정을 세우는 첫 단계입니다. 행복한 결혼생활과 아름다운 가정은 부부가 하나님 안에서 사랑하고, 희생하고, 배려하고, 하나님께 기도함으로 만들어 갈 수 있습니다. 어떻게 해야 행복한 결혼생활을 할 수 있는지 정확히 아는 사람은 아무도 없지만, 하나님의 도우심과 함께 부부가 서로 사랑하며 노력한다면 행복한 결혼생활을 할 수 있습니다. 하나님 안에서의 결혼생활은 부부 둘만으로 사랑과 행복, 만족과 감사, 그리고 기쁨과 위로가 넘치는 삶입니다.

2 결혼의 원리

결혼한 부부는 육체적, 영적, 그리고 사회적인 면 등 삶의 모든 부분에서 하나되어야 하며, 하나님 안에서 연합되었기에 분리(이혼 등) 될 수 없으며, 육체적, 영적, 정신적, 경제적인 부분을 비롯한 사회적으로 부모에게서 독립됩니다. 특히 결혼은 부부가 영적, 육체적, 그리고 사회적으로 한 몸을 이루어야 하는 관계이기에, 부부는 서로에게 부끄럽지 않은 배우자가 되어야 합니다.

3 결혼 생활의 방향과 실제

(나이와 환경, 인격의 성숙도에 따라 결혼생활의 방향과 실제도 달라집니다.)

1) 부부는 서로 다름을 인정해야 하고, 처음 시작할 땐 모든 부분에서 작은 차이가 있음을 인정해야 합니다. 물론 부부는 서로에게 가장 잘 맞는 배우자, 즉 하나님이 주신 최고의 배우자임을 알아야 합니다.

2) 결혼 생활은 최소 7가지의 방향으로 진행되며, 결혼생활이 진행되는 동안 방향이 바뀔 수 있습니다.

　① 남편과 아내가 균형을 이루며 사랑하되, 처음 시작할 때의 차이가 점점 줄어듦
　　(남편과 아내가 서로 양보하고, 배려하고, 희생하는 모습을 통해 더 사랑해가는 가장 이상적인 부부입니다.)

　② 남편과 아내가 균형을 이루며 사랑하되, 처음 시작할 때의 차이를 그대로 유지

(남편과 아내가 서로 양보할 것들을 양보하고, 포기할 것들을 포기해서 처음 사랑을 유지하는 부부입니다.)

③ 남편과 아내가 모두 남편 중심으로 치우침

(아내가 받아들임, 포기, 또는 불만이 쌓여갑니다.)

④ 남편과 아내가 모두 아내 중심으로 치우침

(남편이 받아들임, 포기, 또는 불만이 쌓여갑니다.)

⑤ 남편은 아내를 사랑하나, 아내는 남편을 사랑하지 않는 모습으로 멀어져 감

⑥ 아내는 남편을 사랑하나, 남편은 아내를 사랑하지 않는 모습으로 멀어져 감

⑦ 남편과 아내 모두 사랑과는 거리가 먼 방향으로 멀어져 감

(형식적인 부부관계가 되거나 대부분 이혼합니다.)

4. 결혼 생활의 우선순위

1) 신앙생활은 부부의 모든 삶에서 가장 중요합니다. 가장 행복한 가정은 신앙생활이 우선순위에 있을 때 가능합니다. 단, 주일 및 예배 모임을 제외하면 신앙이 없거나 연약한 배우자와 가족들을 배려해야 합니다.

2) 부부 관계가 자녀들이나 부모, 그리고 사회생활보다 우선입니다. 부부는 하나님과의 관계 외에는 서로를 사랑하고, 서로 함께 하는 삶에 최고의 가치를 두어야 합니다. 그리고 누군가를 만날 때, 무슨 일을 할 때, 무엇인가를 선택하고 결정할 때 먼저 배우자의 마음을 헤아려야 합니다.

3) 결혼생활에서 신앙생활과 부부 관계 다음으로는 가족들과 가정생활이 우선되어야 합니다. 다른 사람들과의 관계나 사회생활이 가족들과 가정생활보다 앞서서는 안 됩니다.

5. 결혼하면 변화되는 관계

1) 개인에서 부부로, 남편이나 아내로, 가장으로, 아빠나 엄마로 변화되게 됩니다.

2) 새로운 가족(부모, 형제들, 친척들 등)들이 생기게 됩니다.

3) 새로운 친구(남편의 친구, 아내의 친구, 그리고 부부가 되어 새로 생기는 친구 등)들이 생기게 됩니다.

4) 교회, 직장, 사회 등의 다양한 공동체를 통해서 새로운 사람들과의 관계들이 생기게 됩니다.

5) 부부로서 법적 책임과 사회적 책임을 지는 관계가 됩니다.

6) 관계의 변화는 개인적인 삶과 부부의 삶에 아주 큰 영향을 미치게 될 뿐만 아니라, 결혼 생활에 큰 도움을 줄 수도 있는 반면, 큰 방해거리가 될 수도 있음을 알아야 합니다.

7) 결혼 후 다른 사람들과의 관계의 변화를 생각할 때 첫 번째 고려해야 할 사람은 배우자입니다. 배우자의 입장을 고려해서 다른 사람들과의 관계를 맺거나 관계를 정리해야 합니다.

6 결혼 생활을 잘 하기 위한 기본 자세

1) 행복한 가정과 건강한 부부 생활이 되도록 하나님의 도우심을 구해야 합니다.
2) 배우자는 세상에서 가장 강력한 자기편임을 잊지 않아야 합니다.
3) 배우자를 사랑하는 노력과 배우자에게 사랑을 받으려는 노력을 게을리 하지 않아야 합니다.
4) 배우자에 대한 사랑의 감정이 식지 않고 지속될 수 있도록 노력해야 합니다.
5) 배우자와의 둘만의 시간과 배우자에게 집중하는 시간이 줄어들지 않게 노력해야 합니다.
6) 배우자에 대한 관찰과 배우자의 마음을 알아가는 노력을 쉬지 않아야 합니다.
7) 행복한 가정과 건강한 부부 생활에 무엇이 필요한지를 생각하고 찾고 배워야 합니다.
8) 부부 간에 소통을 더 잘 할 수 있는 다양한 표현법들을 계발해야 합니다.
9) 부부로서 하나 되기 위해 과거와 현재의 모든 추억들과 삶을 나누는 일에 힘써야 하고, 부부만이 공유할 수 있는 새로운 추억들을 계속 늘려가야 합니다.
10) 사소한 말, 사소한 습관 하나까지도 배우자가 좋아하는 모습으로 고쳐나가야 합니다.

7 결혼 생활이 주는 유익

1) 육체적인 가정을 세움으로써, 하나님을 아버지로 둔 영적인 가정을 이해하게 됩니다.
2) 예수 그리스도와 교회의 영적인 연합의 관계를 실제적으로 발견하고 깨닫게 됩니다.
3) 신앙적으로 서로를 도움으로써, 영적으로 더 성장할 수 있게 됩니다.
4) 말씀, 예배, 기도, 찬양, 교육, 선교, 구제 등을 함께 하는 가정 교회를 세울 수 있습니다.
5) 부부의 성 생활을 통해 간음을 비롯한 성적인 죄를 짓지 않게 됩니다.
6) 하나님께 자녀들을 선물로 받을 수 있고, 그로 인해 부모가 될 수 있습니다.
7) 자기를 이해해 주고 사랑해 주는 최고의 사람과 살 수 있습니다.
8) 가정을 통한 심리적인 안정과 삶의 안정을 얻을 수 있게 됩니다.

9) 외롭지 않을 뿐만 아니라, 평생 대화와 활동을 함께 할 사람을 얻게 됩니다.
10) 기쁠 때, 감사할 때, 좋은 일이 있을 때 행복을 함께 나눌 수 있습니다.
11) 힘들 때, 슬플 때, 아플 때, 그리고 고난당할 때, 서로 돕고 의지하여 이겨나갈 수 있습니다.
12) 사람들과의 관계의 폭이 넓어져 좋은 사람들을 더 많이 만날 수 있습니다.

8 행복한 결혼 생활을 하기 위한 방법

1) 신앙생활이 흔들리지 않도록 항상 깨어 기도하고, 말씀대로 살아야 합니다. 결혼생활을 잘 할 수 있는 최고의 방법은 바로 하나님의 도우심이기 때문입니다. 그리고 배우자가 신앙생활을 잘 할 수 있도록 함께 기도하고, 함께 예배드리는 등 늘 세심하게 챙겨주어야 합니다.

2) 사람들과의 관계 중에서 부부 관계를 가장 우선시하고, 가장 중요하게 여기며 생활해야 합니다. 하나님 외에는 부부 관계를 그 어떤 사람이나 일보다 우선해야 합니다. 그리고 성경적인 부부의 역할과 질서에 맞게 살아야 합니다.

3) 부부간에는 서로를 향한 사랑, 신뢰, 인정, 감사, 희생, 양보, 용서, 존중, 격려, 위로, 칭찬, 그리고 배려 등은 아주 중요합니다. 부부의 일상생활에서 서로에게 사랑한다는 표현과 인정해 주는 표현을 많이 하고, 서로에 대한 고마움과 서로를 칭찬하고 격려하는 말도 많이 해서 서로를 기쁘게 해야 합니다.

4) 자신의 마음과 삶, 그리고 건강에 문제가 생기지 않도록 잘 돌볼 뿐만 아니라, 배우자의 마음과 삶, 그리고 건강에 문제가 생기지 않도록 잘 도와주어야 합니다.

5) 자신의 성격(부정적, 조급함, 과격함, 무책임, 우유부단 등)이나 생활습관에 문제가 있다면 항상 고치려고 노력해야 하고, 배우자의 문제는 최대한 참고 변화를 위해 기다려줘야 합니다. 특히 행복한 결혼생활을 위해서는 절제하는 능력을 키워야 합니다.

6) 하나님 안에서 배우자를 사랑하고, 배우자의 사랑을 받고 사는 삶이 가치 있고 행복한 삶임을 믿음으로, 서로에게 부끄러운 말이나 행동, 관계나 일을 하지 않는 부부가 되려고 노력하고, 배우자가 행복해 하고 좋아하는 일을 하려고 노력해야 합니다.

7) 배우자와의 소통을 위한 대화(표현)의 기술을 익혀서, 좋은 대화를 자주, 깊게 하면서 살아야 합니다. 서로에게 '사랑한다, 고맙다, 미안하다, 너로 인해 행복하다, 함께여서 좋다, 당신이 최고다, 난 널 믿어, 멋있다, 잘 한다' 등의 긍정적인 표현과 칭찬과 격려, 위로와 인정하는 표현을 많이 해야 합니다. 또한 부부간에는 말 못할 대화나 부끄러운 대화가 없음을 알고, 모든 주제에 대해 항상 솔직하게 대화해야 합니다. 서로의 사소한 말

과 반복적인 말까지도 끊임없이 귀 기울여 들어주어야 합니다. 그리고 자신이 듣기 싫은 말은 배우자도 듣기 싫음을 알고 그런 말들은 하지 말아야 합니다.

8) 부부는 서로가 완전하지 않은 사람임을 알고, 항상 도와주려는 마음과 이해하려는 마음이 있어야 합니다. 그러기에 부부는 무엇을 하든지 서로가 원하는 것을 해 주려고 항상 노력해야 합니다. 서로를 관찰하고, 원하는 것을 해 주고, 서로에게 좋은 것을 주기 위해 배우는 노력을 하지 않으면 관계가 좋아지지 않습니다.

9) 배우자가 변했으면 하고 바라는 것은 기도하며 기다려주고, 자신이 변화되어야 하는 것은 지금부터 기도하며 시작해야 합니다. 특히 고마울 때 고맙다는 말과 실수했을 때 잘 못했음을 인정하고 미안하다는 말만 제대로 해도 큰 갈등이 생기지 않는 것이 부부 관계입니다.

10) 부부는 서로에게 비밀을 만들지 말고, 모든 것(생각, 감정, 사람들과의 관계, 일어난 일 등)을 솔직하게 대화해야 합니다. 특히 남편은 사회생활에서 일어나는 관계들과 일들을 아내에게 잘 말해주어야 하며, 아내도 자신의 생활과 자신의 뜻을 남편이 잘 이해하도록 반복적으로 알려주어야 합니다.

11) 남편은 가정에서 가장(영적, 육체적, 사회적)임을 항상 기억하며 살아야 합니다. 아내는 남편을 가장으로 받아들이고, 항상 존경하고 도우며 살아야 합니다. 특히 부부 중에 최소 한 사람은 가정에서 무슨 일이 일어날 때 침착하게 그 일을 처리하고, 버팀목 역할을 하는 사람이 되어야 합니다.

12) 배우자와의 갈등(짜증, 분노, 다툼, 싸움 등)은 언제든지 일어날 수 있지만, 그 때마다 화해를 잘 해서 먼저 화를 풀려고 하고, 최대한 빨리 화해하며, 이기려고 하지 말아야 합니다. 화해 후에는 상처가 남지 않도록 노력하고, 동일한 문제로 갈등하지 않도록 노력해야 합니다.

13) 갈등이나 분노를 쌓아두지 말고, 그 때마다 배우자와 잘 풀면서 살아야 합니다. 결혼생활을 방해하거나 깨뜨릴 수 있는 문제들은 부부가 함께 기도하고 노력하여 최대한 줄이거나 없애야 합니다.

14) 부부관계에 문제가 있을 때 부부 관계가 회복될 수 없을거라는 부정적인 생각, 부부 관계에 대한 좌절이나 포기, 별거나 이혼에 대한 불안과 두려움 등의 생각들은 마귀가 주는 생각이기에 버려야 합니다. 그 대신 부부의 문제들은 해결될 수 있음을 믿고, 항상 긍정적으로 생각해야 합니다.

15) 결혼생활을 하는 동안 너무 동일한 일상이 되지 않게 변화를 주려는 노력이 필요합니

다. 부부가 동일한 일상이 너무 오래 지속되면 관계가 무기력해지고, 친밀함이 떨어질 수 있습니다. 먹고 마시는 일에 집중하지 말고, 부부만의 새로운 추억들을 만들어 가는 노력이 필요합니다.

16) 남편은 아내에게 자녀들과 친정 부모님이 아주 중요한 존재임을 인정해야 합니다. 그 대신 아내는 남편에게 사회생활과 사회에서 만나는 사람들과의 관계가 중요함을 인정해야 합니다.

17) 부모나 다른 사람들에게 너무 의존하지 말아야 합니다. 좋은 일, 나쁜 일, 기쁜 일, 슬픈 일, 감사한 일, 어려운 일, 행복한 일, 힘든 일 등을 부부가 함께 해 나갈 때, 더 친밀해지고, 더 깊은 관계의 부부가 됩니다. 물론 부부가 해결할 수 없을 때는 부모나 다른 사람들에게 도움을 요청할 수 있어야 합니다.

18) 배우자와 다른 사람을 비교하지 말고, 다른 사람과 결혼을 했다면 더 잘 살고 있을거라는 상상도 하지 말아야 합니다. 그 대신 지금 배우자와 행복할 수 있는 방법을 찾고, 그 방법을 삶에서 실천해야 합니다.

19) 결혼 생활에 대한 비현실적인 기대와 환상은 줄이고, 현실적인 삶에 충실해야 합니다. 가사 생활을 함께 해야 하고, 함께 나이가 들며 약해져 가고, 부족한 것과 연약한 것이 존재하며, 갈등과 다툼이 있을 수 있고, 고난과 아픔 등이 생길 수 밖에 없는 것이 결혼 생활임을 인정해야 합니다.

20) 좋은 사람들과 만나려고 노력해야 합니다.(나쁜 사람들을 만나면 결혼생활에 문제가 생길 수 있습니다.) 그런 면에서 행복한 결혼생활을 하고 있어 롤 모델이 될 만한 사람이나 가정을 많이 만나서, 그들을 통해 보고 듣고 배운 것들을 자신의 결혼생활에도 적용해야 합니다. 결혼생활을 잘 할 수 있는 방법들을 찾고 배우며 실제 삶에 적용하기 위해서는, 기회가 될 때마다 상담(멘토링) 등을 통해 결혼 생활을 잘 하고 있는지 점검해야 하고, 갈등이 있을 때도 도움을 받아야 됩니다.

9 결혼 생활을 방해하거나 깨뜨릴 수 있는 원인들

1) **신앙적인 문제:** 부부의 신앙관의 차이, 서로 출석하는 교회가 다르거나 무교회주의, 서로의 종교가 다름, 이단이나 사이비 종교에 빠짐, 신앙생활에 무관심하거나 심하게 집착함, 마귀의 시험과 유혹

2) **부부관계의 문제:** 배우자에 대한 사랑이 식음, 애정결핍, 배우자에 대한 실망과 배신감, 배우자가 싫어졌거나 미움이 커짐, 배우자에게 매력을 잃어버림, 함께 있는 것이 불편

하고 힘듦, 결혼 전처럼 독립적인 생활을 원함, 동거형태 문제(각 방 사용, 주말부부, 기러기 부부, 별거 등), 부부 역할의 문제(남편과 아내의 역할 변경 문제, 역할에 대한 무책임), 부부가 서로의 허물을 덮어주지 않음, 부부가 서로를 위해 희생할 마음이 사라짐

3) **성격 차이:** 부부가 하나 되기에는 너무 다른 성격, 서로를 이해할 수 없을 만큼 생각의 차이가 큼, 가치관이 다름, 삶의 방향이 다름, 성격 차이로 인한 서로에 대한 무관심과 그로 인해 부부가 함께 하는 시간이 거의 없음, 배우자와 함께 있는 시간이 부담

4) **마음의 문제:** 낮은 자존감, 열등감, 자격지심, 마음의 상처(학대 등)로 인한 심각한 피해의식이나 심각한 트라우마, 자아결정 장애, 자기 학대, 자아문제로 인한 대인관계 장애, 배우자에게 지기 싫어하는 자존심

5) **성향의 문제:** 다혈질, 조급증, 집착적인 성향, 완벽주의, 부정적, 무시, 비난, 차별, 책임 떠넘기기, 폭력 성향, 심각한 절제부족(감정, 말, 행동 등), 이기적, 반사회적인 성향, 사람과 삶에 대한 개념 없음

6) **태도의 문제:** 악하고 더러운 말투와 행동, 리플리 증후군(반복적이고 습관적인 거짓말), 무책임, 무질서, 귀차니즘, 배려 없고 이기적인 태도, 성인 아이, 모든 일에 핑계와 변명으로 일관

7) **습관의 문제:** 생활습관의 차이가 큼, 게으름, 잘못된 식사 습관, 수면 습관(과도한 수면, 늦은 수면 늦은 기상, 심한 코골이를 비롯한 잠버릇), 씻지 않는 습관(몸에서 심한 냄새), 옷이나 집안이 더럽고 정리정돈이 안 됨

8) **수준의 차이:** 자라온 환경의 차이, 지식 수준의 차이, 의식 수준의 차이, 만나는 사람의 수준 차이, 하는 일이나 활동에 대한 수준 차이

9) **소통의 문제:** 소통(대화)이 되지 않음, 갈등(다툼, 싸움)의 증가, 무의미한 대화, 대화를 하지 않음, 부정적인 대화, 공격과방어를 위한 대화, 서로에 대한 비난과 비판 증가, 경쟁이나 쟁취를 위한 대화, 서로에 대한 이해 부족, 서로에 대한 비밀증가, 소통(대화)하려는 노력을 하지 않음, 자기 반성이나 변화 없이 배우자의 변화만 요구

10) **가정의 문제:** 가정이나 가족들에 대한 무관심, 부모 의존도가 심각(마마 보이, 마마 걸), 원가정의 가족들과의 관계문제(고부갈등, 장서갈등, 무시, 갈등(다툼, 싸움), 재산 등 분쟁, 상처, 교류 없음 등), 가족에 대한 생각 차이, 원 가정에 지나친 경제적 지원

11) **가사의 문제:** 가사에 대한 무관심과 무책임, 맡은 역할을 하지 않음, 배우자의 가사 활동에 지나친 질책과 비판

12) **자녀 문제:** 임신(무자녀주의, 불임, 낙태, 입양), 자녀 양육과 교육 방식의 차이, 자녀의

양육과 교육에 대한 무책임, 자녀의 장애나 질병, 자녀의 사고나 문제(범죄 포함), 자녀에 대한 집착, 자녀에 대한 학대(폭행)나 방치

13) **건강 문제:** 정신적인 문제(우울증, 조울증, 조현병, 심각한 결벽증, 강박증, 분노 조절 장애, 불안 장애), 질병(암, 자가면역질환, 치매 등), 장애(신체 장애, 지적 장애, 발달 장애), 집착(의처증, 의부증), 사고나 사건 후유증(트라우마 등)

14) **성적인 문제:** 성생활의 방법이나 욕구의 차이, 성관계에 집착, 강압적인 성관계, 변태적인 성관계 요구, 성관계 거부, 자위행위, 섹스팅, 포르노, 성관계 영상 촬영 요구, 낙태 요구, 양성애자거나 동성애 성향, 스와핑 요구, 성매매, 성전환수술, 이성 친구, 간음 등

15) **관계의 문제:** 가족들이나 다른 사람들과의 관계 기피나 집착, 과도한 만남이나 모임, 다른 사람들과의 잦은 갈등(다툼, 싸움), 사람들 앞에서 배우자를 무시하거나 모욕, 난폭한 행동(언어, 폭행), 스스로 선택한 외톨이, 왕따 당함

16) **경제적인 문제:** 물질관의 차이, 사치나 낭비, 물질 소비에 대한 큰 차이, 보증 문제나 재정적인 빚(대출 포함), 경제적인 무능력, 갑자기 찾아온 부유함이나 가난함으로 인한 삶의 변화, 실패의 충격으로 인해 폐인이 됨, 성공 후 교만하고 자만해짐, 너무 자주 직장을 옮거나 경제활동 중단, 일확천금의 삶

17) **중독의 문제:** 마약, 도박, 포르노, 술이나 담배, 게임, 쇼핑, 스포츠, 인터넷, TV, 사람들과의 관계, 취미나 모임, 일 중독

18) **범죄의 문제:** 가정 폭력, 협박이나 살해 위협, 범죄나 수감, 범죄 집단에 가입하거나 범죄 집단과 친밀함, 법을 무시하고 행동

19) **결혼 전의 문제:** 심각한 성병(AIDS), 결혼 전의 동거, 약혼, 다른 사람과 결혼한 적 있음, 결혼 전에 낳은 자녀, 결혼후에도 과거에 교제했거나 동거했던 이성과의 친밀한 만남, 결혼 전의 관계들과 삶을 속임.

20) **기타:** 결혼생활을 방해하거나 깨뜨리려는 문제는 부부들마다 다를 수 있고, 위에 기록한 것보다 훨씬 다양한 원인들이 있음을 알고, 항상 문제가 생기지 않도록 기도하면서 조심해야 합니다.

10 결혼에 대한 잘못된 환상과 부정적인 생각

1) 결혼하면 무조건 행복한 가정을 이룰 것이라는 환상입니다. 행복한 결혼을 위해서는 하나님의 도우심과 부부의 노력이 매우 많이 필요합니다.

2) 결혼하면 무조건 죽을 때까지 행복한 부부로 살 것이라는 환상입니다. 평생 행복한 부부

로 살지 못하고 이혼하는 부부도 많이 있기에, 결혼하면 사랑하고, 희생하고, 배려하는 등의 노력을 평생하며 살아야 합니다.

3) 결혼해서 부부만 사랑하면 행복한 결혼이 될 것이라는 환상입니다. 결혼은 부부 외에도 가족들과 다른 사람들과의 관계도 많은 영향력을 미치기에, 항상 다른 사람들과의 관계에 주의를 해야 합니다.

4) 결혼하면 좋은 사람들을 많이 만나게 될 것이라는 환상입니다. 결혼하면 관계가 많이 늘어나지만 그로 인해 문제가 늘어날 수도 있음을 알고, 좋은 관계를 맺기 위해 노력해야 합니다.

5) 결혼하면 성숙한 남편이나 아내가 될 것이라는 환상입니다. 결혼하면 책임의식을 가지고 변화되지 않으면 성숙은커녕 상처만 줄 수 있음을 알고, 항상 자신의 모습이 좋게 변화도록 노력해야 합니다.

6) 서로 맞지 않으면 이혼하면 된다는 생각과 결혼 후 이혼할 수도 있다는 부정적인 생각을 하게 됩니다.

7) 배우자가 간음으로 자신을 배신할 수 있을거라는 부정적인 생각을 하게 됩니다.

8) 결혼생활이 행복하지 않을 것 같은 불안감과 평생 불행한 감옥에 갇혀버릴 수 있다는 부정적인 생각을 하게 됩니다.

9) 고부간의 갈등 등 새로운 관계를 맺는 사람들과 많은 갈등을 겪게 되거라는 부정적인 생각을 하게 됩니다.

10) 모든 면에서 자신의 존재 가치가 줄어들고, 인생을 성공하지 못할거라는 부정적인 생각을 하게 됩니다.

 **제5-1과** **가정생활과 가족관계**
(가정에 대한 가르침의 실천편)

1 좋은 가정이란

가정은 아주 특별한 공동체이며, 가족은 아주 특별한 관계입니다. 가족들은 세상에서 가장 사랑하는 관계이자 가장 친밀한 관계입니다. 가족들은 가장 서로를 잘 아는 관계이자 가장 비밀이 없는 관계입니다. 가족들은 가장 편안한 관계이자 가장 많은 것을 공유(마음, 시간, 돈, 집, 물건 등)하는 관계입니다. 가족들은 가장 개인적이고 깊은 대화를 하는 관계이자 가장 잘 돌보고 서로를 의지하는 관계입니다. 가족은 함께 사는 관계이자 가장 많은 시간을 함께 하는 관계입니다. 그리고 가족은 태어나서 죽을 때까지 혈연으로 연결된 관계입니다.

1) 하나님을 주인으로 모시고 하나님을 경외하며, 하나님의 말씀대로 사는 가정입니다. 가족들이 하나님의 말씀을 읽고, 함께 기도하고 예배드리고 찬양하며 삽니다.

2) 하나님의 말씀을 배우고 가르치는 일에 열심을 내고, 그 말씀을 삶에서 실천하는 데 적극적인 가정입니다. 하나님의 말씀대로 사는 삶을 가정에서부터 실천합니다.

3) 가족들이 함께 신앙생활을 할 뿐만 아니라, 서로의 신앙생활을 점검해 주고, 격려해 주는 가정입니다. 가족들이 서로 영적으로 성장하고 성숙할 수 있도록 돕습니다.

4) 성경적인 부부 관계, 부모와 자녀 관계, 형제 관계가 유지되는 가정일 뿐만 아니라, 가족들 각자가 맡은 역할과 질서에 맞게 사는 가정입니다. 즉 부모는 자녀를 하나님의 말씀대로 가르치며, 자녀는 부모를 공경하고 순종하며, 형제간에는 우애하는 가정입니다.

5) 가족들끼리 서로 사랑하고, 서로를 잘 돌보고, 서로를 위해 기도하는 가정입니다. 즉, 가족들이 문제가 생기거나 도움이 필요할 때 자발적으로 돕고 섬기며 삽니다.

6) 가족들이 가정과 가족들을 우선하는 모습으로 일상생활을 하는 가정입니다. 예를 들어 가족들과 식탁의 교제를 자주 갖고, 가족들이 함께 많은 시간을 보냅니다.

7) 가족들끼리 서로를 신뢰하고 배려하며, 진실한 대화를 자유롭고 친밀하게 하는 가정입니다. 그래서 가족들 서로가 그 누구보다 든든한 서로의 편이 됩니다.

8) 가족들이 서로에게 대한 감사하고, 이해와 용서를 잘 하는 가정입니다. 다시 말해 가족들이 서로의 약점과 부족을 덮어주고 용서하며, 서로를 비난하지 않고 세워주고 칭찬하며 삽니다.

9) 영혼 구원을 위해 예수 복음을 전하는 가정입니다. 그래서 가족들이 함께 전도나 선교에 참여하거나 후원합니다.

10) 하나님의 이름으로 다른 사람들을 돕고 섬겨주는 가정입니다. 그래서 가족들이 함께 구제와 나눔, 봉사활동에 참여하거나 후원(시간, 재능, 물질 등)합니다.

2 성경에 나오는 부부들 중 닮아야 하는 부부의 모습

아내를 귀하게 여긴 아담, 사랑하는 남편에게 순종한 사라, 아내를 많이 사랑하고, 아내를 통해 위로를 받았을 뿐만 아니라 아내가 아이를 가질 수 있도록 기도한 이삭, 영적인 지혜로 남편을 도와준 십보라, 지혜로 땅을 얻어 남편에게 준 악사, 죽임을 당할 위기해 처한 남편을 구해준 미갈, 남편의 어리석음으로 인해 집안이 멸망당할 위기에 있을 때 지혜로 집안의 멸망을 막은 아비가일, 세상에서 그 누구보다 아내를 사랑하며 산 에스겔, 하나님의 말씀대로 의롭게 산 사가랴와 엘리사벳, 요셉과 마리아, 도저히 이해할 수 없는 상황에서도 하나님의 말씀에 순종한 요셉과 마리아, 부부가 함께 예수 복음을 전하는 전도자로 산 브리스길라와 아굴라 등의 모습을 닮아야 합니다.

3 성경에 나오는 부부들 중 닮지 말아야 하는 부부의 모습

함께 죄를 짓고 하나님께 죄에 대해 변명한 아담과 하와, 자신의 안전을 위해 사람들에게 아내를 누이라고 속인 아브라함과 이삭, 여러 명의 아내로 인해 아내들끼리 문제가 된 아브함, 야곱, 엘가나, 다윗, 솔로몬, 하나님의 말씀에 불순종함으로 소금 기둥이 되었던 롯의 아내, 자식을 못 낳는다고 남편에게 다른 여자를 소개한 사라, 레아, 그리고 라헬, 고난을 당하는 남편에게 하나님을 저주하고 죽으라고 말한 욥의 아내, 아내가 무엇 때문에 힘들어하는지 그녀의 마음을 이해하지 못한 엘가나, 남편의 행동을 업신여기고 무시한 미갈(참조. 아하수에로왕의 아내 와스디), 간음으로 부부가 된 다윗과 밧세바, 헤롯과 헤로디아, 악한 일을 행하며 교만한 삶을 산 나발, 하나님의 말씀을 어겼을 뿐만 아니라 온갖 죄를 저지르며 산 아합과 이세벨, 결혼 후에도 창녀 짓을 한 호세아의 아내 고멜, 함께 죄를 모의하고 성령을 속이려 한 아나니아와 삽비라(참조. 여로보암과 그 아내) 등의 모습은 닮지 말아야 합니다.

4 성경에 나오는 부모들 중 닮아야 하는 부모의 모습

자녀의 생명을 살리기 위해 힘쓴 노아, 롯, 모세의 부모, 사르밧 과부, 그리고 수넴 여인, 하나님의 말씀을 믿음으로 자녀를 얻은 아브라함과 사라, 사가랴와 엘리사벳, 잠언을 기록하여 자녀들을 하나님의 말씀으로 양육한 솔로몬, 로이스와 유니게, 자녀와 함께 예배를 드린 셋, 아브라함, 야곱 그리고 요셉과 마리아, 자녀(며느리)의 앞길을 염려해 주고 좋은 길을 찾아주었던 나오미, 자녀를 위해 기도한 하갈, 한나, 그리고 다윗, 자녀를 하나님께 드리고 맡긴 한나, 하나님의 이름으로 자녀들을 축복한 야곱, 자녀에게 좋은 배우자를 찾아준 아브라함과 나오미, 자녀에게 좋은 배우자에 대해 가르친 르므엘 왕의 어머니, 자녀에게 지혜로운 충고를 해 준 다윗의 장인 이드로, 솔로몬, 자녀를 사랑으로 기다려준 탕자의 아버지, 사랑으로 자녀를 걱정한 마리아, 자녀를 위해 예수님을 찾아온 수로보니게 여인과 회당장 야이로 등의 모습을 닮아야 합니다.

5. 성경에 나오는 부모들 중 닮지 말아야 하는 부모의 모습

술 취하여 벌거벗은 모습을 자녀들에게 보여주었던 노아, 자녀를 편애한 이삭과 리브가, 그리고 야곱, 자녀들의 잘못을 훈계하지 않은 엘리, 사무엘, 다윗, 아버지를 대적하는 데도 징계하지 않은 다윗, 자녀를 집에서 쫓아낸 아브라함과 사라, 자기의 딸이나 며느리와 성적인 관계를 맺은 롯과 유다, 자녀가 세상적인 배우자를 선택하도록 내버려둔 마노아(삼손의 부모), 간음죄를 지은 유다, 롯, 그리고 다윗, 자녀(며느리나 사위 포함)를 속이고, 자녀를 화나게 한 이삭과 리브가, 그리고 유다, 자녀들을 비교하여 우열을 가른 이새(다윗의 아버지), 자신의 딸을 우상의 재물에 바치겠다고 서원한 에훗, 자신의 죄를 자녀들에게까지 영향을 준 요압과 게하시 등의 모습은 닮지 말아야 합니다.

6. 성경에 나오는 자녀들 중 닮아야 하는 자녀의 모습

부모의 허물을 가려준 셈과 야벳, 부모에게 순종한 이삭과 예수님, 어머니(시어머니)를 그 누구보다 잘 공경하고 순종한 룻, 성령으로 충만한 사무엘, 세례 요한, 그리고 예수님, 부모를 공경하고 부모의 신앙을 물려받은 룻, 요시야와 디모데, 부모를 공경했던 요셉과 예수님, 부모의 병을 고치기 위해 예수님을 모셔온 베드로 등의 모습을 닮아야 합니다.

7. 성경에 나오는 자녀들 중 닮지 말아야 하는 자녀의 모습

아버지의 허물을 덮어주기는커녕, 아버지의 허물을 드러낸 노아의 아들인 함, 부모의 말을 무시한 롯의 사위들, 부모와 간음한 롯의 딸들, 다말, 그리고 압살롬, 하나님을 무시하여 장자의 권리를 가볍게 여겨 팔아버린 에서, 믿지 않는 사람과의 결혼으로 부모의 마음을 근심케 한 에서, 화가 나서 살인을 저지른 가인, 야곱의 아들들, 그리고 압살롬, 부모의 말씀에 불순종한 삼손, 자신의 죄를 부모에게까지 영향을 준 엘리 제사장의 두 아들, 죄로 인해 부모를 욕먹게 한 사무엘의 아들들, 아버지를 대적하고, 아버지의 아내들과 간음한 압살롬, 전통을 지키기 위해 하나님의 말씀을 지키지 않고 고르반 제도를 악용하는 자녀들, 엘리사를 대머리라고 놀렸던 아이들과 욥을 놀렸던 아이들을 비롯해 다른 사람들의 연약함과 아픔을 보고 놀렸던 아이들의 모습은 닮지 말아야 합니다.

8 성경에 나오는 형제들 중 닮아야 하는 형제의 모습

동생의 생명을 살려준 유다, 형들의 잘못을 용서해 준 요셉, 동생을 걱정해 주고 도와준 미리암, 예수 그리스도를 형에게 소개해 준 안드레, 서로를 위해 주고 사이좋게 지낸 나사로와 마르다와 마리아 등의 모습을 닮아야 합니다.

9 성경에 나오는 형제들 중 닮지 말아야 하는 형제의 모습

동생을 살해한 가인과 압살롬, 동생을 놀리고 괴롭힌 이스마엘, 아버지의 허물을 형제들에게 말한 함, 여동생을 강간한 암논, 아버지를 속여 형의 장자의 축복을 가로챈 야곱, 동생에게 복수하려고 한 에서, 형제에게 질투하고 비난하고 미워한 레아와 라헬, 요셉의 형들, 그리고 미리암과 아론, 여동생을 위해서 살인을 저지른 디나의 오빠들, 동생을 팔아버린 요셉의 형들, 형을 믿지 않은 예수님의 동생들 등의 모습은 닮지 말아야 합니다.

10 마지막 때에 가정 지키기

1) 하나님께 가정과 가족들을 지켜주시고, 행복한 가정과 가족 관계가 잘 유지되도록 기도해야 합니다.
2) 성경에 맞는 역할과 질서가 있는 믿음의 가정과 가족들이 되도록 항상 노력해야 합니다.
3) 가족들이 마귀의 유혹에 넘어지지 않도록 항상 기도해야 합니다.
4) 그리스도인으로서 가정과 가족들을 최우선순위에 두고 살아야 합니다.
5) 하나님께서 원하시는 대로 선한 일을 힘쓰는 가정이 되어야 합니다.
6) 가족들을 이기적인 욕심으로 대하지 말고, 사랑과 희생으로 대해야 합니다.
7) 가족들끼리 좋은 관계를 유지하기 위해 대화와 활동들을 지속적으로 해야 합니다.
8) 육체적이고 세상적인 가치(물질 중심)에 중심을 두고 살면 안 됩니다.
9) 하나님께 영광 돌리는 삶과 하나님께서 맡기신 사명(예배자요, 예수 복음의 증인의 삶)을 가족들이 함께 힘을 모아 실천하며 살아야 합니다.
10) 하나님께서 기뻐하시는 가정과 가족들이 되기 위해 교회에서 배우거나 믿음의 형제들과의 지속적인 교제를 통해 지혜를 얻어야 합니다.

제6-1과 부부 관계
(부부에 대한 가르침의 실천편)

1 부부 관계

부부 관계는 하나님께서 최고의 사랑과 행복을 맛보며 살도록 계획하신 관계입니다. 그러기에 부부 관계는 하나님과의 관계 다음으로 중요하고 복된 관계이며, 부부는 자녀들이나 환경적인 부분과는 상관없이 부부 만으로 최고의 사랑과 행복을 누릴 수 있어야 합니다. 그러기에 부부 관계를 허락하신 하나님께 감사해야 할 뿐만 아니라, 배우자에게도 항상 감사하며 살아야 합니다. 특히 부부는 어떤 상황에서도 마음을 열고 대화를 통해 소통을 해야 하며, 부부 간에 대화가 줄어 소통이 안 되면 부부간에 오해가 생기고, 그 오해는 서로를 불신하거나 관계를 깨뜨리는 결과를 낳습니다.

2 성경이 말씀하는 부부 관계

1) 부부는 사랑하고 순종하는 관계입니다. 하나님을 사랑하는 남편은 아내를 사랑하며 살고, 하나님께 순종하는 아내는 남편에게 순종하며 삽니다.

2) 연약함을 돕고 인정해 주는 관계입니다. 하나님께서 남자에게 아내를 주신 것은 혼자 지내는 것이 좋아 보이지 않아 돕는 사람으로 주신 것이며, 아내에게 남편을 주신 것은 연약하기에 도움을 받으며 살라고 주셨습니다. 그러기에 부부는 서로가 연약한 존재임을 알고, 그 연약함을 도와줄 때 좋은 부부가 됩니다.

3) 자기 몸처럼 귀하게 여기는 관계입니다. 예수 그리스도를 믿음으로 구원 받은 사람은 자기 자신을 귀하게 여기며, 사랑하고, 아끼고 돌보며 삽니다. 그리고 자신을 귀하게 여기듯 배우자를 귀하게 여기며 삽니다.

4) 부부는 서로 부끄러움이 없는 관계입니다. 부부는 부끄러움 없이 서로의 모든 것을 공유하는 관계입니다. 그러기에 부부는 서로 부끄러움이 없는 친밀함으로 살 뿐만 아니라, 서로에게 부끄럽지 않은 말과 행위(영적, 육체적, 사회적)를 하며 살아야 합니다.

5) 부부는 서로에게 말과 행동에서 자연스러운 관계입니다. 부부가 나이, 생각, 세계관, 성격, 문화, 수준 등에서 많은 차이가 나거나 갈등이 깊어지면 그 자연스러움이 깨집니다. 부부가 서로에 대한 자연스러움이 깨지면 서로를 너무 어려워하거나 불편해 하게 되고, 시간이 지나면서 부부관계가 멀어지거나 깨어질 수 있습니다.

3 부부 생활을 지혜롭고 건강하게 하는 부부의 특징

1) 부부로 평생을 사랑하며 행복하게 산다는 것은 쉽지 않음을 알고, 평생 사랑하며 행복하게 사는 부부가 되게 해 달라고 항상 깨어 기도합니다.

2) 부부가 함께 예배드리고, 서로를 위해 기도해 주고, 다른 사람들을 영적으로 잘 섬겨줍니다.

3) 배우자를 사랑하고, 신뢰하고, 인정하고, 존중하고, 소중히 여기고, 이해하는 모습으로 대합니다. 그래서 일상에서 배우자에게 사랑한다는 말, 행복하다는 말, 인정하는 말, 고맙다는 말 등을 자주 합니다.

4) 배우자가 무엇이 필요하고, 어떤 도움이 필요할지를 항상 생각하여, 작은 일도 배우자를 도와주며 삽니다.

5) 배우자의 장점을 찾는 노력을 열심히 하고, 배우자의 장점을 발견했을 때는 바로 칭찬을 합니다.

6) 배우자의 허물이나 단점을 알았을 때는 사랑으로 덮어주고 용서할 뿐만 아니라, 배우자를 끝까지 용서하며 살 것이라는 마음으로 삽니다.

7) 자신의 단점을 찾는 노력을 게을리 하지 않고, 자신의 단점을 발견했을 때는 즉각 고쳐 나갑니다.

8) 그 누구에게도 방해받지 않고 배우자에게만 집중하는 시간이 필요함을 알고, 잠자는 시간 외에 둘만의 시간을 자주 갖습니다.

9) 부부가 로맨틱한 데이트를 하며 살 뿐만 아니라, 그 로맨틱한 데이트를 평생 지속하려고 노력합니다.

10) 부부는 일상생활에서도 성 생활만큼 친밀한 관계를 맺기 위해 서로 노력합니다.

11) 부부는 서로 간에 소통을 잘 하기 위해 다양한 소통 방법과 대화방법을 계발하며 삽니다. 특히 대화를 할 때는 긍정적이고 좋은 말을 사용하며, 있는 그대로 잘 들어줍니다.

12) 간음죄를 비롯해 배우자에게 부끄러운 일을 하지 않을 뿐만 아니라, 항상 선한 일을 함으로 배우자를 기쁘게 합니다.

13) 그 누구보다 배우자와 가정을 잘 돌보고, 배우자와 가정을 우선으로 하며 삽니다. 또한 자신의 역할에 충실하며, 가정의 질서를 잘 따릅니다.

14) 자신이 할 일을 배우자에게 미루지 않고 스스로 잘 하며, 자신이 싫어하는 일을 배우자에게 시키지 않습니다. 물론 배우자가 싫어하는 일도 하지 않기 위해 노력합니다.

15) 배우자의 행복은 곧 자신의 행복이며, 부부의 행복은 자녀들을 비롯한 가족들의 행복으로 연결됨을 알고, 배우자의 행복을 위해 말 한 마디, 행동 하나에도 신경을 씁니다.

16) 부부는 신앙생활, 가정생활(자녀 교육 포함), 사회생활에 이르기까지 최선을 다해 살아야 합니다.

17) 다른 사람보다 배우자를 더 배려할 뿐만 아니라, 부부가 함께 다른 사람들을 만나야 할 때와 각자 다른 사람들을 만날 때에 배우자의 의견을 존중합니다.

18) 화나 짜증을 잘 내지 않지만, 화를 내거나 짜증을 부렸을 때는 미안하다고 사과를 잘 합니다.

19) 다투거나 싸우는 일이 많지는 않지만, 다투거나 싸우더라도 화해를 잘 하며 삽니다.

20) 어떤 순간에도 배우자를 비난, 무시, 다른 사람과 비교하지 않고, 폭력(언어, 행동)을 행하지 않습니다.

4 부부 관계가 깨지는 사람들의 특징

1) 신앙생활보다 육체적인 쾌락과 세상적인 즐거움만을 추구하며 삽니다. 다시 말해 하나님보다 자기 자신, 사람들, 물질. 세상적인 것을 더 사랑합니다.

2) 배우자보다 자신이 더 우선되고, 더 낫다는 교만과 우월감으로 삽니다. 다시 말해 배우자보다 더 우선되는 관계나 일이 많습니다.

3) 이기적이고 욕심이 많아 배우자나 가족들에게 좋은 것을 나누지 않습니다. 배우자나 가족들이 가진 좋은 것도 자신의 유익을 위해 뺏어갑니다.

4) 하나님께서 하지 말라는 죄(세상적인 범죄를 저지르기도 합니다.)가 마음과 삶에 쌓여갑니다.

5) 영적인 건강이나 육체적인 건강(정신병 등)에 심각한 문제들이 많이 생깁니다.

6) 부부간의 성 생활에 문제가 많거나 마귀의 성적인 유혹(음란과 간음)에 넘어진 삶을 삽니다.

7) 남편은 아내에게 인정받지 못하는 것에 대한 불만이 가득 하고, 아내는 남편에게 사랑받지 못하는 것에 대한 불만이 가득합니다. 그로 인해 마음과 삶에 여유가 없고, 말과 행동에 분노와 폭력이 많습니다.

8) 남편이 아내와의 성생활에 대한 욕구 불만과 아내에게 인정받지 못해 말과 행동이 거칠어져 있습니다.

9) 아내는 남편에게 사랑받지 못하고 이해받지 못해 말과 행동이 거칠어지고 짜증을 많이 내며 삽니다.

10) 남편과 아내의 대화에 문제가 있습니다. 남편은 결론이 중요하지만, 아내는 과정이 중요합니다. 그런데 서로의 자기 입장만 말하고, 상대방의 말은 듣지를 않는 문제로 대화가 중단되었습니다.

11) 남편이든 아내든 배우자가 무엇을 생각하고, 무엇을 원하는지 거의 모르거나 서로에게 관심이 없습니다.

12) 자기 입장만 중요하고, 배우자의 입장은 중요하지 않다고 여깁니다. 그래서 자기 입장은 무조건 해결되어야 한다고 생각하면서, 배우자의 입장은 무시합니다.

13) 부정적으로 생각하고, 말하고, 행동하므로, 다른 사람들과의 관계가 좋지 않습니다. 그러다보니 의처증이나 의부증을 비롯해 시기, 질투, 다른 사람들과 비교하는 마음이 많습니다.

14) 가족이나 가정생활, 신앙생활이나 교회생활, 하는 일이나 직장생활, 그리고 사람들과의 관계나 물질 등에 만족하지도 않고 감사하지도 않습니다.

15) 거짓말(리플리 증후군)을 습관적으로 하며 살고, 배우자와 가족들에게 많은 비밀을 가지고 삽니다.

16) 자신의 잘못에 대해서는 인정하지 않고, 배우자나 가족들의 잘못은 용서하지 않습니다.

17) 열등감이나 자기 비하가 심하여, 배우자나 가족들의 말과 행동에 쉽게 오해하고 화를 냅니다.

18) 게으르고 나태하며, 사회생활도 성실하지 못해 자주 직장을 옮기는 무책임한 삶을 삽니다.

19) 무엇인가를 심하게 집착(배우자, 자녀, 물질, 일, 종교, 물건, 다른 사람 등)하거나 중독(마약, 도박, 술, 쇼핑, 일 등)에 빠져 삽니다.

20) 가정적이지 않습니다.(가족들의 삶에 관심이 없고, 가족들을 돌보지 않으며, 배우자나 가족들과 대화가 잘 되지 않거나 대화가 없으며, 가족들의 크고 작은 일(생일 등 기념일)에 관심이 없고 참여하지 않으며, 가족들 안에 질서(부모와 자녀, 남편과 아내, 형과 동생 등)를 지키지 않으며, 자녀의 양육에 무관심하거나 자녀를 방치하고, 가족들에 대한 배려가 없으며, 가족들을 비난하고 무시하며, 가족들에게 폭력(폭언, 폭행)을 행하고, 가족들을 사랑하기는커녕 이용만 하며, 가사 활동(청소, 장보기, 밥하기, 함께 식사하기, 설거지, 빨래, 쓰레기 버리기, 공과금 내기 등)을 하지 않으며, 가족들과의 만남이나 대

화보다 사회적인 사람과의 만남이나 대화를 더 중요하게 여깁니다.)

5 배우자와 소통하기 위한 방법

1) 어떤 순간에도 배우자를 진짜 사랑하고 귀하게 여겨야 합니다. 배우자를 진짜 사랑하고 귀하게 여긴다면 배우자가 원하는 사랑의 방법대로 사랑해 주어야 합니다. 그러기에 배우자가 원하는 사랑의 방법이 무엇인지 물어서, 그렇게 해 줘야 합니다.(참조. 게리 채프만의 "5가지의 사랑의 언어")

2) 배우자의 사랑과 배려, 섬김에 대해 고마운 마음을 가지고 살아야 하고, 배우자가 희생하고 손해 보며 살고 있음을 인정하고 불쌍히 여기는 마음을 가져야 합니다.

3) 배우자에게 어떤 문제가 있는지 끊임없이 관찰하고, 대화를 통해 알아가야 합니다. 그리고 나이에 따라 말과 행동에 변화가 생김을 인정하고, 배우자의 말과 행동에 변화가 있을 때는 그 이유가 무엇인지 지혜롭게 대화해서 알아야 합니다. 또한 자신의 말과 행동에 변화가 있을 때는 적극적으로 배우자에게 이유를 알려주려는 노력도 해야 합니다.

4) 부부는 소통을 위한 다양한 방법들을 계발하되, 가끔은 편지와 같은 글로 자신의 마음을 알려주는 것이 아주 효과적입니다. 특히 갈등(분노, 짜증, 다툼, 싸움 등)할 때는 감정적인 말보다는 글로 자신의 마음을 전하는 것이 더 좋은 방법입니다.

5) 항상 진실을 말할 뿐만 아니라, 배우자의 말이 진실이라고 믿고 들어야 합니다. 거짓말은 배우자와의 관계를 멀어지게 하거나 깨뜨릴 수 있습니다.

6) 배우자가 알아들을 수 있도록 자세히, 그리고 최대한 짧게 설명해야 합니다. 배우자가 이해하지 못할 말은 하지 말고, 배우자가 이해하지 못한다고 무시하거나 핀잔을 주지 말아야 합니다.

7) 배우자에게 가장 하고 싶은 말만 집중해서 해야 합니다. 한꺼번에 여러 가지의 주제에 대해 말을 하면 배우자는 다 알아듣지 못하거나 다 이해하지 못할 수 있고, 그로 인해 진짜 하고 싶은 말도 제대로 전달하지 못할 수 있습니다.

8) 배우자에게 끝까지 들어줄 것을 요구하고, 중간에 끊으면 다시 더 들어달라고 요구해서라도 하고 싶은 말을 끝까지 해야 합니다.

9) 배우자와의 소통에서 중요한 것 중에 하나는 배우자의 감정을 읽는 것입니다. 아무리 사실적인 대화가 오고 간다고 해도, 배우자의 감정을 못 읽으면 소통이 제대로 되지 않습니다.

10) 배우자와의 생각이 차이(신앙관, 가정관, 물질관, 가치관, 생활방식, 다른 사람들과의 관계 등)를 줄이려는 노력을 해야 합니다. 생각의 차이는 부부간의 소통을 방해하기 때문입니다.

6 남편이 실생활에서 명심해야 할 것들

1) 아내에게 성 생활 이외의 다른 방법으로 사랑을 자주 표현하라. 특히 일상생활에서 사랑을 표현하는 방법은 아내가 가정 일에 많이 힘들고 지쳐 있음을 이해함으로 가정 일을 적극적으로 도와주고, 아내가 연약한 존재임을 기억하고 무엇을 하든 배려하고 도와주려고 노력하는 것입니다.

2) 아내의 말을 사소한 것까지 끝까지 들어주고, 자주 들어주어야 합니다. 아내의 대화 주제는 지금보다 100배나 많을 수 있음을 명심하고, 일상적으로 반복되는 주제부터 아주 사소한 주제에 이르기까지 아내가 말하는 것을 잘 들어주는 남편이 되어야 합니다. 특히 아내의 말을 들을 땐 분석, 판단, 비난, 그리고 해결을 위해 듣지 말고, 있는 그대로 듣기만 하면 됩니다.

3) 아내에게는 친정 부모님과 자녀들이 아주 중요하다는 사실을 이해해 주고, 아내가 친정 부모님이나 자녀들과 시간을 보낼 때 질투하거나 싫어하지 말아야 합니다. 또한 아내에게 말하지 않고 아내의 부모님을 챙겨주면(용돈, 식사 대접, 일처리 등) 아내는 많이 고마워합니다.

4) 아내에게 모든 것을 솔직하게 말해야 합니다. 아내에게 많은 비밀을 만드는 것은 잘못이며, 그 비밀들은 결국 아내와의 관계를 멀어지게 할 수 있음을 명심해야 합니다.

5) 자신이 가정의 영적인, 사회적인 리더인 가장임을 명심해야 합니다. 아내는 남편이 모든 일에서 리드해 주고, 결정해 주기를 원합니다. 물론 아내도 남편이 가장임을 기억하고 항상 남편이 먼저 할 수 있도록 배려해야 합니다.

6) 아내와 함께 시장을 보고, 식사를 준비하고, 뒷마무리까지 함께 해야 합니다. 가끔은 아내를 쉬게 하고 자신이 식사와 뒷마무리까지 하며 좋습니다. 물론 아이가 있을 경우에는 아내에게 물어서 아이를 볼 사람을 정해서 하는 것도 좋습니다.

7) 아내들이 어려워하는 집안 일(무거운 짐 들기, 못 박기, 전구 갈기, 쓰레기 버리기등)을 요구하면 즉시 해 주려고 노력해야 합니다. 물론 아내에게 끊임없이 할 일이 없냐고 묻고 처리해 주면 더 좋습니다.

8) 아내가 중요한 일(TV 시청, 친구와의 전화 수다, 그 외에 아내의 취미활동 등)을 할 땐

되도록 방해하지 말아야 합니다. 아내가 스트레스가 쌓이면 그 스트레스로 힘든 사람은 남편이 됨을 알아야 합니다.

9) 아내가 해 주는 음식은 무조건 맛있게 먹어야 합니다. 물론 너무 맛이 없으면 자신이 요리를 배우든지, 아내를 요리학원에 보내주든지, 레시피를 찾아 함께 요리를 하든지 해야 합니다. 그렇지 않고 투정을 하면 그 음식마저 못 먹을 수 있습니다.(물론 남편이 요리를 한다면 아내가 무조건 맛있게 먹어야 합니다.)

10) 아내의 옷장이나 냉장고를 비롯해 아내가 관리하는 곳이 지저분하더라도 간섭하지 말아야 합니다. 그 대신 가끔 대청소라는 이름으로 아내의 옷장과 냉장고를 비롯해 온 집안을 함께 청소를 하면 됩니다.

11) 아내의 옷장이나 신발장을 가끔 들여다보아야 합니다. 그리고 더러워진 것이 있으면 세탁소에 맡겨서 라도 깨끗하게 빨아주고, 혹시 너무 오래된 옷(속옷 포함)이나 신발이 있으면 새 것으로 선물해 주세요.

12) 가끔은 회사 끝나고 집으로 돌아오는 길에 아내에게 전화를 걸어 시장을 봐주거나 아내가 좋아하는 것을 사다주면 좋습니다. 이벤트도 좋고, 아내에게 물어보고 원하는 것을 사다줘도 아내는 좋아합니다.

13) 항상 아내를 존중하고 배려하되, 특별히 자녀들이나 다른 사람들 앞에서는 더욱 더 존중하고 배려해야 합니다. 다른 사람들 앞에서 남편에게 인정받는 아내는 결국 남편에게 고마워하고, 남편을 더 사랑하게 하게 됩니다.

14) 아내가 친구와 전화 통화를 길게 하거나 친구들을 여유 있게 만나고 올 수 있는 시간을 주어야 합니다. 여자들은 친구들과 통화를 하거나 만남을 통해 스트레스를 풉니다. 아내의 스트레스가 줄어들면 줄어들수록 남편에게 잘합니다.

15) 아내(남편도 마찬가지)가 무슨 일을 하더라도 한심해 하거나 막말을 하지 말아야 합니다. 사소한 일이라도 꼭 필요해서 그 일을 한다고 이해해 주고, 아내(남편)의 그런 모습이 너무 싫으면 그 일을 다 끝난 후 대화로 자신의 의견을 말하세요.

7 아내가 실생활에서 명심해야 할 것들

1) 남편에게 인정하는 말과 칭찬을 아끼지 말아야 합니다. 남편은 100번의 인정하는 말과 100번의 칭찬하는 말을 들어도, 한 번 인정받지 못한 말이나 무시당했다고 생각하면 의기소침해집니다. 그러기에 남편에게 격려해 주고, 잘했다고 칭찬해 주는 것을 잊지 말아야 합니다.

2) 남편의 요구가 무리하지 않다면 되도록 들어주어야 합니다. 남편은 아내가 자신의 요구에 순종적일 때 아내의 요구에도 적극적으로 반응한다는 사실을 알아야 합니다.

3) 남편에게 반복적으로 자신이 원하는 것이 무엇인지 직설적으로 표현해야 합니다. 아내는 남편에게 무엇을 하고 싶은지, 무엇을 해 줬으면 하는지, 무엇이 필요한지, 자신의 말을 끝까지 듣기만 해 달라는 말, 자신의 감정이 어떤지 등 직설적으로 자기를 표현해야 합니다. 그리고 한 번만이 아니라 반복적으로 표현해야 합니다. 특히 남편에게 말하지 않아도 남편이 알아주기를 바라는 아내는 미련한 아내입니다.

4) 있는 그대로의 남편을 인정하고 존경해야 합니다. 아내가 남편을 아버지나 다른 남자들과 비교하면서 남편을 무시하고 깔보는 것은 자기 얼굴에 침 뱉는 것입니다. 가정에서 아내에게 존경을 받는 남편은 세상에 서도 당당할 뿐만 아니라, 존경 받을만한 모습으로 생활하게 됩니다.

5) 남편은 직장이나 사회생활에서 엄청난 스트레스를 받고 산다는 것을 이해해야 합니다. 남편이 사회생활에 많이 힘들고 지쳐 있음을 이해해 주고, 집에서 쉴 수 있도록 도와주어야 합니다. 물론 맞벌이 부부라면 서로가 직장이나 사회생활에서 많은 스트레스를 받고 산다는 것을 이해하고 배려해야 합니다.

6) 남편이 말하지 않아도 먼저 시부모님께 안부 전화를 드리세요. 가끔은 혼자 있을 때 안부 인사를 드리거나 용돈을 드린 후 나중에 남편에게 말하면, 남편은 그런 아내에게 더 많이 고마워합니다.

7) 남편이 회사에 다녀와서 소파에 바로 누워버리면 더럽다고 하거나 안 좋은 잔소리를 하지 마세요. 그 대신 '많이 힘든 날이었어', '고생했어', '"많이 피곤하겠네'라고 인정해 주고, 잠시 쉬라고 말해주세요.

8) 남편이 가끔 자기 일을 하느라 식사를 도와주지 못하고 있으면 도와달라고 한번은 말하되, 잘 듣지 못한 것 같으면 내버려 두세요. 가끔은 자기 일에 빠져 있는 남편을 멋있다고 생각해 주세요.

9) 남편이 좋아하는 음식이나 사고 싶어하는 물건이 있다면, 1년에 한 번이라도 말없이 해주세요. 남편이 감동하면 더 큰 감동을 돌려받게 되는 것이 아내입니다.

10) 남편이 TV나 컴퓨터로 스포츠를 보느라 불러도 대답을 못할 때가 있을 땐, 꼭 필요한 일이 아니면 그냥 내버려두세요. 만약 꼭 필요한 일이면 방해해서 미안하다는 말과 함께 필요한 말을 하세요.

11) 가끔은 남편이 회사 끝날 때쯤 찾아가 저녁 식사와 차 한 잔의 여유나 영화를 보는 시간

을 가지세요. 남편을 위한 아내의 이벤트는 간단하고 단순할수록 좋습니다.

12) 남편의 용돈을 1년에 한 두 번은 맛있는 거 좀 사먹든지, 다른 사람들에게 밥이라도 한 끼 사라고 조금 더 주세요. 남자들은 다른 사람들에게 얻어먹을 때보다, 자신이 밥을 살 때 더 당당한 행복을 느낍니다.

13) 가끔은 남편에게 친구들을 만나고 오라고 시간을 주어야 합니다. 남자들은 친구들과 만나서 시간만 보내고 와도 엄청난 스트레스를 풉니다. 남편의 스트레스가 줄어들면 줄어들수록 아내에게 잘합니다.

14) 항상 남편을 존중하고 배려하되, 특별히 자녀들이나 다른 사람들 앞에서는 더욱 더 존중하고 배려해야 합니다. 다른 사람들 앞에서 아내에게 인정받는 남편은 결국 아내에게 고마워하고, 아내를 더 사랑하게 하게 됩니다.

15) 남편(아내도 마찬가지)이 자녀를 교육하고 훈계할 때, 그 권위를 인정해 주세요. 남편을 무시하거나 비웃으면 안 되고, 자녀를 방어해 주거나 자신이 화를 내며 싸우려고 하면 안 됩니다. 물론 자녀를 교육하거나 훈계할 때 폭력(폭언, 폭행)은 안 됩니다.

8 배우자에게 필요한 혼자만의 시간

배우자에게 가끔씩 짧은 시간이라도 혼자만의 시간이 필요함으로 알고, 배우자에게 혼자만의 시간을 주어야 합니다. 이 시간을 통해 부부로서의 책임이나 무거운 삶의 짐을 잠시 내려놓고, 자신의 생각을 정리하여 여유를 회복하게 됩니다. 특히 배우자가 혼자만의 시간에 무엇(생각을 정리, 육체적인 쉼, 취미 활동, 가까운 친구 만남 등)을 하든 되도록 자유를 주어야 합니다. 물론 혼자만의 시간은 일상적인 삶 속에 3-4시간 정도(길어도 7-8시간 정도)가 적당합니다. 그리고 혼자만의 시간으로 인해 부부 관계나 가정생활에 문제가 생기면 안 되고, 부부관계에 문제가 생길만한 일을 해서도 안 됩니다.

9 부부는 서로를 알아가기 위한 노력이 필요

부부는 평생 서로를 관찰하고, 연구하고, 질문을 통해서라도 알아가야 하는 관계이다. 이 사실을 놓치는 부부가 90% 이상일 것이다. 사람들은 20대에서 죽을 때까지 각 연령별로 생각과 말과 행동이 달라집니다. 사람들은 환경(돈이 많을 때와 적을 때, 아이가 있을 때와 없을 때, 아이가 어릴 때와 컸을 때, 건강할 때와 아플 때, 신분이 높을 때와 낮을 때, 문제가 있을 때와 없을 때 등등)에 따라 생각과 말과 행동이 달라집니다. 그러기에 끊임없이 남편(아내)을 관찰하고 연구하고 알아가는 노력이 결혼의 행복을 좌우합니다. 특히 서로를 알아가기 위해 끊임없이 부부에 대한, 가정에 대한, 남자와 여자에 대한, 교육에 대한 책들을 읽어야 한다는 사실입니다. 부부는 살아가는 동안 서로를 더 잘 알고, 더 나은 부부생활을 위해 다음과 같이 중간 점검을 해야 합니다.

1) 부부들은 부부로 잘 살아가는 지 점검하는 시간(1년에 한 번이나 더 자주)을 가지면 좋습니다. 이 때 둘만의 여행, 또는 교회나 선교단체에서 진행하는 부부 교실, 부부상담에 참석하는 것도 좋습니다.

2) 중간 점검은 배우자를 비난하고 질책하기 위해서 하는 것이 아니라, 각자의 부족과 잘못하고 있는 모습을 돌아보고, 돌이켜 개선하는 시간이어야 합니다.

3) 중간 점검을 위해 준비하고 진행하는 모든 과정에 하나님께서 함께 하시고, 지혜와 도움을 달라고 기도해야 합니다.

4) 중간 점검을 하기 전 자신을 돌아보는 시간을 가질 뿐만 아니라, 배우자에게 하고 싶은 말을 구체적으로 잘 정리해서 대화를 해야 합니다.

5) 부부가 얼마나 하나 된 모습으로 친밀한지 친밀도 검사를 해 보아야 합니다. 이 때 영적인 친밀도, 서로에 대한 앎에 대한 친밀도, 가족들에게 대한 친밀도, 감정을 이해하고 받아들이는 심리적인 친밀도, 성생활에 대한 친밀도, 경제적인 친밀도, 소통의 친밀도, 문제가 생겼을 때의 친밀도 등을 점검해야 합니다.

6) 중간 점검 때 배우자에게 감사한 것들과 불만인 것들을 정리해서 대화해야 합니다. 물론 배우자에게 불만이 생기는 것들은 중간 점검 때가 아니라도 최대한 빨리 풀도록 노력해야 합니다.

7) 중간 점검 때 가정생활, 가족들의 삶, 다른 사람들과의 관계, 그리고 부부와 관련된 일 모두를 놓고 대화해야 합니다.

8) 중간 점검의 꼭 대화로 해야 하는 것은 아니고, 편지나 부부만의 다양한 방법으로해도 됩니다. 그 대신 부부생활을 정확히 확인할 수 있어야 하고, 자신의 생각을 배우자에게 정확히 전하고, 배우자의 생각도 정확히 알아야 합니다.

9) 중간 점검은 서로의 사랑과 믿음을 다시 한 번 확인하고, 배우자가 무엇을 필요로 하는지 정확히 확인하는 시간이어야 합니다.

10) 중간 점검을 통해 부부간에 문제가 생길 수 있는 부분을 없애거나 줄이고, 부부 생활에 영향을 주는 가정생활과 가족들의 삶을 점검하는 시간이어야 합니다.

10 부부의 주된 관심사와 관심사를 소통하는 방법

1) 남편의 주된 관심사: 부부관계를 비롯한 가족들과의 관계와 가정생활, 신앙생활보다 개인적인 성취(건강 포함), 직장생활, 사회생활, 다른 사람들과의 관계에 더 관심이 많은 게 일반적입니다.

2) 아내의 주된 관심사: 부부관계를 비롯한 가족들과의 관계와 가정생활, 신앙생활이 개인적인 성취(건강 포함), 직장생활, 사회생활, 다른 사람들과의 관계보다 더 관심이 많은 게 일반적입니다.

3) 부부의 주된 관심사가 다르다면 다음과 같이 소통해야 합니다.

① 부부는 가장 관심을 가져야 하는 일에 우선순위를 정해야 합니다.
(예를 들어 신앙생활, 부부생활, 가정생활, 개인적인 성취, 다른 사람들과의 관계, 직장생활, 사회생활 등)

② 배우자의 주된 관심사를 항상 인정하고 관심을 가져줄 뿐만 아니라, 배우자의 주된 관심사에 대해 대화를 해야 합니다.

③ 배우자의 주된 관심사가 수시로 바뀔 수도 있고, 나이에 따라 변할 수도 있음을 기억해야 합니다.

제7-1과 성에 대한 기초 상식
(성에 대한 가르침의 실천편)

1. 부부의 성 생활

부부를 가장 친밀하게 묶어주는 육체적인 행위 중에 하나가 성 생활입니다. 성은 아주 신비하고 비밀스러운 것이지만 부부 안에서는 신비롭거나 비밀스러운 것이 아닌 자연스러운 행위입니다. 그러기에 부부끼리는 부부 안에서 이뤄지는 성 생활에 대해 자유롭게 대화할 수 있어야 하고, 성 생활이 서로가 마음으로 즐거워하는 사랑의 행위여야 합니다. 그리스도인들 중에는 부부간의 성생활은 아이를 낳기 위한 수단으로만 생각하거나 성생활을 거룩하지 못한 더러운 행위처럼 여겨 성생활을 하지 않으려는 사람들도 있는데 이것은 성경적이지 않습니다.

2. 남자와 여자의 성적인 욕구의 차이

남자는 여자보다 성적인 욕구가 훨씬 많은 것이 일반적입니다. 그러기에 부부는 건강상태, 환경 등 여러 가지 상황을 고려해서, 두 사람이 함께 맞출 수 있는 범위 내에서 서로 만족한 수준으로 해야 합니다. 물론 경우에 따라서는 남편보다 아내가 성적인 욕구가 더 많을 수도 있음을 알아야 합니다. 특히 남자는 성 관계를 거부당하면 수치심을 느끼고 무시당했다는 생각을 하는 경우가 많고, 여자는 성 관계를 할 준비가 안 되었거나 하고 싶지 않은데도 남자가 계속 강하게 요구하면 마음에 상처를 입거나 무시당했다는 생각을 합니다. 남편과 아내는 성적인 욕구의 차이가 있을 수 있지만, 부부가 질병 등의 육체적인 문제가 없다면 서로의 욕구를 조금씩 양보해서 중간쯤으로 맞춰서 성생활을 하는 것이 바람직합니다.

3. 남자와 여자의 성적인 반응의 차이

남자는 성 관계에 대해 상상이나 시각적인 상황에 의해서 충동적으로 반응하므로, 상황에 맞지 않게 갑자기 성 관계를 요구할 수 있습니다. 그러나 여자는 성 관계에 대해 분위기나 상황에 맞을 때와 계획되어진 성 관계를 원합니다. 또한 남자는 성 관계를 위한 마음과 몸의 준비가 거의 필요 없는 반면, 여자는 성 관계를 위한 마음과 몸의 준비가 필요합니다. 물론, 성 관계를 하는 과정도 남자는 감정이나 몸 상태의 반응속도가 빠르게 진행되는 반면, 여자는 감정이나 몸 상태의 반응속도가 천천히 진행됩니다.

4 남자와 여자의 성적인 만족도의 차이

남자는 성관계에서 사정을 하는 것을 만족이라고 생각하기에 거의 대부분 사정하는 것에 집중하고, 여자는 오르가즘에 도달하는 것도 중요하지만, 성 행위를 하기 전부터 성 행위를 하는 순간, 그리고 성 행위를 한 후에 이르기까지 정서적으로 친밀해지고, 사랑받는다는 느낌이 있을 때 만족스러워 합니다. 그러기에 남편은 아내에게 최대한 배려하고 예의를 지키며, 사랑 표현과 칭찬을 하고, 충분한 스킨십을 하면서 성 관계를 한다면, 남편이 사정으로 대부분 만족을 느끼듯 아내도 성 관계에 대부분 만족을 느낄 것입니다.

5 남자와 여자의 성적인 자극의 차이

남자는 시각(상상, 직접 보는 것)과 후각에 따라 성적인 반응이 시작되는 반면, 여자는 오감(시각, 청각, 후각, 미각, 촉각)을 모두 사용해서 성적인 반응이 시작됩니다. 그래서 남자들은 영화를 보거나 여자의 육체를 볼 때 성적인 흥분이 잘 되고, 여자는 분위기, 대화, 스킨십 등 마음의 움직임을 통해 흥분이 됩니다. 특히 남자는 시각과 후각에 따라 즉각적이고 본능적으로 성적인 반응을 하지만, 여자는 성적인 흥분이 찾아와도 분위기와 상황에 따라 어느 정도 조절이나 절제가 가능하고, 즉각적이거나 본능적이기보다는 천천히 이성적으로 흥분된다고 합니다.

6 부부가 성 생활을 잘 하기 위한 필수적인 조건들

1) 성 생활은 사랑의 행위이기 때문에, 서로 사랑하는 관계로서의 친밀감을 항상 유지해야 합니다.

2) 성 생활은 영적, 육체적, 정신적으로 건강하게 이루어져야 합니다.

3) 배우자가 원하는 성 생활이 무엇인지 끊임없이 알아가는 노력이 필요하고, 실제 성 행위를 할 때 자신이 원하는 성 생활도 중요하지만, 배우자의 만족을 먼저 배려하는 자세가 필요합니다.

4) 성 생활에서 일어나는 모든 일과 생각을 솔직하고 구체적으로, 그리고 지속적으로 대화해야 합니다.

5) 성 관계를 요구하기에 앞서 배우자의 상태(감정, 몸 상태 등)와 상황을 꼭 확인해야 합니다.

6) 성 생활은 부부 간에 서로의 의사를 존중하고 서로의 합의아래 진행해야 합니다. 아무리 성 관계를 하고 싶은 욕구가 강하다고 해도, 배우자가 동의하지 않을 때 강제로 성 관계를 시도하면 안 됩니다.

7) 성 관계를 할 때는 배우자에게 집중하고, 처음부터 끝까지 배우자를 위해 최선을 다해야합니다.

8) 성 관계를 위해서는 준비(신체적인 준비와 마음의 준비)를 잘 해야 합니다. 특히 여자의 질은 약해서 항상 감염의 위험이 있기에, 남편은 깨끗한 상태로 아내와 성 관계를 해야 합니다.

9) 성 관계 중이나 성 관계를 하고 난 후 만족감이나 사랑 표현을 솔직하게 드러내야 합니다.

10) 성 생활에 대해 모르는 것들은 전문가와의 상담이나 멘토링, 그리고 좋은 책들을 통해 배워야 합니다.

7 부부의 성 생활에서 알아야 할 일반적인 사항들

1) 첫 번째 성관계인 경우라도 아내의 처녀막이 이미 터져 있어서 피나 분비물이 없을 수 있음을 인정해야 합니다.

2) 부부가 성관계를 하기 위해서는 준비(장소, 씻기 등)를 하고, 서로를 배려(건강이나 상황 등)를 하고, 예의(체위, 방법, 말 등)를 지켜야 하고, 남편은 아내의 질액이 충분히 나왔을 때 삽입하되, 아내가 동의할 때 삽입해야 합니다.

3) 성 관계에서 아내가 충분히 받아들일 준비가 되어 있는 상태에서 삽입을 했는데도, 심한 통증(신혼 때는 통증으로 인해 성관계를 맺는데 실패할 수 있음)이 있을 수 있습니다. 성 관계할 때 심한 통증이 계속 되면 병원에 가서 상담이나 검사를 받아야 합니다.

4) 성 관계를 할 때 남편이 사정을 못하거나 아내가 오르가슴을 느끼지 못하고 끝날 수도 있음을 알아야 합니다.

5) 남편은 삽입 섹스만이 성 생활이라고 여기거나 성 관계의 횟수에 집착하는 잘못을 버려야 합니다.

6) 부부가 성 생활에 대한 얘기를 할 때는 칭찬과 고마움, 행복하다는 말과 좋았다는 말, 그리고 불만이 아닌 두 사람의 성 생활에서 일어나는 실제적인 모습에 대한 말을 많이 하되 불만이나 부정적인 관점이 아니라, 개선하고 더 좋은 방향으로 나아가기 위해 대화해야 합니다. 부부가 성 생활에 대한 불만이나 부정적인 대화를 많이 하게 되면 성 생활이 위축될 수 있습니다.

7) 부부간의 성 생활에는 서로를 배려하는 자세, 그리고 서로를 향한 예의를 지키는 것도 서로의 성 생활을 행복하게 유지할 수 있는 좋은 방법입니다.

8) 부부간의 성 관계는 시간과 상황, 그리고 나이의 변화에 따라 요구나 만족도 등이 계속 변화되기에, 대화를 통해 서로를 이해하고 있어야 합니다. 특히 부부는 나이가 들어서도

성 생활을 지속해야 합니다.

9) 성 생활에 만족할 수 있는 방법들을 찾는 노력을 계속 하되, 다른 사람들과 비교하지 말아야 합니다. 다시 말해 가족들이나 친구들과 성생활에 대한 대화를 할 수 있지만, 그들과 비교하여 배우자에게 무리한 성적인 요구를 하면 안 됩니다.

10) 부부가 성 관계를 하는 모습이나 성 관계를 할 때 나는 소리를 가족들이나 다른 사람들에게 노출시키지 말아야 합니다. 요즘 부부의 성 행위 장면을 영상으로 촬영해 보거나 보관하는 사람들이 많은데, 자녀나 가족들, 또는 다른 사람들이 보게 될 수도 있기 때문에 영상으로 촬영하는 일은 하지 않는 것이 좋습니다.

8 부부라도 성관계를 하면 안 되는 때

부부라도 성관계를 해서는 안 되는 때는 아내가 생리를 할 때와 배우자가 성관계를 원하지 않을 때입니다. 아내가 생리를 할 때는 성관계를 요구해서는 안 되고, 배우자가 성관계를 원하지 않을 때는 강제로 성관계를 하면 안 됩니다. 또한 배우자가 육체적으로 극도로 피곤한 상태이거나 정신적인 스트레스가 아주 심할 때도 성 관계를 요구하지 말아야 합니다.

9 부부라도 서로에게 요구하면 안 되는 성 생활

부부가 성 생활을 위해 포르노를 보자고 하거나 포르노대로 따라하자고 강요해서는 안 되며, 변태적인 성행위를 요구하면 안 되고, 스와핑이나 몸 파는 행위와 같은 간음을 요구하면 안 됩니다. 만약 배우자가 그런 잘못된 요구를 하는 경우가 있다면 단호하게 거절해야 합니다. 성경은 음란한 성 생활과 부부 외의 성 관계를 간음죄라고 정죄하고 있음을 명심해야 합니다.

10 결혼 생활에서 부부의 성 생활이 차지하는 비중

결혼 생활에서 부부의 성 생활은 사랑과 하나됨, 그리고 친밀감을 나타내는 방법이기에 아주 중요합니다. 하지만 성 생활은 결혼 생활의 전부가 아닌 일부분입니다. 특히 질병이나 장애 등 특별한 경우에는 결혼 생활에서 성 생활은 스킨십 정도로 만족하며 지내야 하는 상황이 생길 수도 있습니다. 그러기에 부부가 성 생활에 집착하기보다 함께 신앙생활을 비롯해 삶에서 다양한 대화와 활동을 통해 더 잘 소통하고 더 친밀해져야 합니다. 그래서 부부 관계가 성 생활을 비롯한 그 어떤 문제들로 인해 멀어지거나 중단되지 않고, 더 사랑이 충만한 관계가 되도록 노력해야 합니다.

제8-1과 의사소통 및 대화의 기술
(말에 대한 가르침의 실천편)

❶ 의사소통 및 대화의 기술

사람들과의 관계(부부 관계, 가족 관계, 남녀 관계를 비롯한 모든 인간 관계)를 잘 하기 위해서는 소통이 잘 되어야 합니다. 그리고 그 소통의 방법 중 가장 중요한 방법이 대화입니다. 그러기에 모든 사람은 다른 사람들과의 소통을 잘 하기 위해 대화의 기술을 계발해 나가야 합니다. 특히 사랑하는 사람들과의 관계에서 소통을 위한 대화의 기술은 중요합니다. 성경에서도 "경우에 합당한 말은 은쟁반에 놓여진 금 사과와 같이 귀하다."(잠25:11)고 말씀하고, 한국 속담에도 "말 한 마디로 천냥 빚을 갚는다."고 말을 하기에, 소통을 위한 대화의 기술을 계발해 나가는 것은 모든 사람들에게 중요한 일입니다. 특히 의사소통(대화)이 중요한 이유는,

1) 서로를 세워주고, 서로를 위해 기도해 줄 수 있기 때문입니다.
2) 서로의 사랑을 확인할 수 있고, 서로에게 사랑을 표현할 수 있기 때문입니다.
3) 서로의 마음과 생각이 무엇인지 알 수 있게 해 주기 때문입니다.
4) 서로의 감정(기쁨, 슬픔, 행복, 괴로움, 아픔, 외로움 등)을 알 수 있게 해 주고, 감정을 표현할 수 있기 때문입니다.
5) 서로의 문제나 아픔, 힘든 부분 등의 상황 알 수 있게 해 주기 때문입니다.
6) 서로를 위해 무엇을 해야 할지 알 수 있게 해 주기 때문입니다.
7) 서로가 더 친밀해지게 하고, 더 사랑할 수 있게 해 주기 때문입니다.
8) 서로가 가진 아픔을 위로할 수 있고, 서로의 문제를 해결해 줄 수 있기 때문입니다.
9) 서로를 도울 수 있고, 서로에게 조언을 해 줄 수 있기 때문입니다.
10) 서로를 의지할 수 있고, 함께 살아갈 수 있게 해 주기 때문입니다.

❷ 사람들과의 의사소통(대화)을 위한 방법들

사람들과의 소통을 위한 대화의 방법들(표현법)은 다양한데, 말, 글(편지, 그림 등), 수어(Sign Language), 스킨십, 눈 맞춤, 태도나 표정, 음악, Body Language, 함께 하는 활동들, 그리고 성 관계(부부 관계에서만 사용할 수 있는 소통 방법) 등입니다. 그리고 소통을 위해서는 함께 여행하기, 함께 새로운 상황 접하기, 함께 새로운 일을 해 보기(함께 봉사활동도

좋다.), 취미생활 함께 하기, 그리고 동아리 활동들을 함께 함으로서 서로를 알아가거나 좋아하는 것을 서로 공유해 가는 방법도 사람들과 소통이나 대화를 하는데 많은 도움이 됩니다. 특히 부부는 공통된 관심사가 많으면 많을수록 다양한 대화와 소통이 잘 이루어질 수 있기 때문에, 함께 할 수 있는 일들을 찾는 것이 중요합니다.

③ 의사소통(대화)을 잘 하기 위한 마음의 자세

사람들과의 소통을 잘 하기 위해서는 가장 먼저 상대방의 인격을 존중하고, 배려하고, 신뢰하는 마음이 있어야 합니다.(참조. 잠 18:20) 상대방의 인격을 존중해 주지 않으면 그 어떤 좋은 소통 방법을 사용한다고 해도 온전한 소통에 성공할 수 없고, 상대방의 마음을 이해하지 못하고 배려하지 못하면 제대로 소통할 수 없으며, 상대방을 신뢰하지 않으면 소통할 마음이 없는 것과 같기 때문입니다. 특히 부부가 의사소통(대화)이 잘 되지 않을 때 해결해 가는 방법은,

1) 무엇이 문제인지 원인을 찾으려고 노력해야 하고,
2) 다투고 싸우더라도 문제의 원인을 없애거나 해결하려고 노력해야 하며,
3) 의사소통(대화)을 위해 상황을 바꿔보거나 말투를 바꾸려고 노력해야 하고,
4) 의사소통(대화)을 위해 전문가 상담, 멘토링을 비롯해 다른 사람들의 도움을 받아야 하며,
5) 소통이 되는 것만 우선 소통하고, 소통이 안 되는 부분은 일단 내려놓아야 합니다. 물론 소통이 잘 되는 부분을 통해 부부간에 감정이나 관계가 회복이 되면, 조금씩 소통이 안 되는 부분의 문제를 해결해 나가야 합니다.

④ 부부가 의사소통(대화)이 잘 되지 않는 이유

부부가 의사소통(대화)이 잘 안 되는 이유는 어찌 보면 너무나 당연합니다. 왜냐하면 부부는 자라온 환경부터 남자와 여자의 차이, 세계관(신앙관, 가치관, 가정관, 윤리관, 물질관, 인간관, 문화관 등), 성격의 차이, 생각의 차이, 영적인 수준의 차이, 생활 습관의 차이, 관심사의 차이, 지식수준의 차이, 표현 방법의 차이, 만나는 사람의 차이, 하는 일의 차이에 이르기까지 서로의 모든 것이 다르기 때문입니다. 그리고 부부가 의사소통(대화)이 잘 안 되는 또 다른 이유들은 부부의 역할에 따른 문제, 부부의 사랑이 식었거나 친밀감의 감소, 가정 내의 문제(가족들과의 관계, 자녀문제), 가정 밖의 문제(사람들과의 관계)로 인한 갈등, 스트레스와 질병, 경제적인 문제, 이기적인 모습과 배우자를 배려하지 않는 태도, 상처 주는 말, 무시, 차별, 폭력(언어, 폭행), 외도에 이르기까지 결혼 생활을 하는 동안 생긴 수많

은 부부 갈등들 때문입니다. 그래서 부부 중에 대화를 중단하거나 소통을 전혀 하지 않고 사는 부부들이 늘고 있다는 통계가 있습니다. 그리고 소통(대화)을 하지 않는 부부의 대부분은 자신이 불행하다고 느끼며, 언제든지 배우자와 이혼할 수 있다는 극단적인 생각을 하며 산다고 합니다. 그러기에 부부는 배우자와 소통(대화)을 하려는 노력을 게을리 하면 안 됩니다.고 합니다. 그러기에 부부는 배우자와 소통(대화)을 하려는 노력을 게을리 하면 안 됩니다.

5 부부가 의사소통(대화)을 잘 하는 비결

부부가 의사소통(대화)를 잘 하는 비결 중에 하나는 서로를 가장 사랑했을 때처럼, 서로를 귀하게 여겨주고, 서로를 있는 그대로 받아들여 주며, 사랑으로 서로의 허물을 덮어주면서 사랑하며 살게 되면 소통(대화)은 잘 될 수 밖에 없고, 그로 인해 부부는 더 행복하게 살 수 있게 됩니다. 의사소통(대화)이 잘 안 되는 부부가 행복하게 사는 것은 아주 힘듭니다. 그래서 의사소통(대화)이 잘 되는 부부로 살려면 부부가 서로의 다름을 인정하고, 이해할 것은 이해하고, 양보할 것은 양보하고, 배려할 것은 배려하고, 도저히 이해가 안 되는 것이라도 있는 그대로 받아주어야 합니다. 부부의 소통(대화)은 한 사람의 일방적인 노력이 아닌, 부부가 함께 노력할 때만 가능합니다.

1) 평생 무슨 일이 있을 때 남의 편으로 살지 말고, 배우자의 편이 되면 됩니다.
2) 자신이 주고 싶은 선물을 주지 말고, 배우자가 원하는 선물을 주면 됩니다.
3) 사소한 것이라고 지나치지 말고, 작은 일이라도 항상 관심을 표현하면 됩니다.
4) 배우자가 원하는 방법(말, 행동 등)으로 항상 사랑을 표현하면 됩니다.
5) 대화를 하거나 무슨 일을 할 때 옳고 그름만 따지지 말고, '그럴 수 있겠다'는 공감을 표현하면 됩니다.
6) 배우자가 이해할 수 없다고 생각하는 일들을 차근차근 잘 설명해 주면 됩니다. 특히 배우자가 잘 이해하지 못하면 더 쉽게 반복해서 설명해 주되, 배우자가 잘 모른다고 무시하면 안 됩니다.
7) 배우자의 작은 변화(말, 행동, 외모, 기분 등)를 알아주고 반응해 주면 됩니다.
8) 자신이 좋아하는 일보다 배우자가 좋아하는 일을 해 주려고 노력하고 배우자를 배려하면 됩니다.
9) 배우자를 위해 기도해 주고, 배우자를 실제적으로 돕고 섬겨주면 됩니다.
10) 배우자에게 사소한 잔소리를 하지 말고, 좋은 말로 부탁하고 기다려주면 됩니다.

11) 배우자가 실수하거나 실패했을 때 비난대신 '괜찮다'는 말과 용기를 주면 됩니다.

12) 교통사고 등의 문제가 생겼을 때 화를 내거나 지적하기보다, 배우자의 안전과 평안을 먼저 챙겨주고, 놀랐을 때는 위로해 주면 됩니다.

13) 자신의 배우자가 최고라는 것을 배우자에게 알 수 있도록 말과 행동으로 나타내 보여 주면 됩니다.

14) 기념일에 배우자를 위해 이벤트를 해 주는 좋지만, 일상생활에서 작은 일이라도 배우자가 바라는 것들을 잘 해 주면 됩니다.

15) 배우자를 사랑하는 만큼, 배우자의 원 가족들(부모, 형제들)을 잘 챙겨주면 됩니다.

6 사람들과의 의사소통(대화)을 잘 하기 위한 조건들

부부 관계나 다른 사람들과의 관계에서 소통을 잘 하기 위해서는 배우자와 다른 사람들에게 성경에서 하라는 것은 해 주고, 하지 말라는 것을 하지 않으면서 살면 됩니다. 그러기 위해서는 영적으로 충만해야 할 뿐만 아니라, 영적으로 성숙한 삶을 살기 위해 기도하고 노력해야 합니다. 하나님의 도움 없이 부부 관계나 다른 사람들과의 관계에서 소통을 잘 하면서 평생을 산다는 것은 아주 어렵다는 것을 꼭 기억하고, 먼저 소통을 잘 하기 위해 자신부터 기도하며 준비해야 합니다.

1) 사람들과 의사소통(대화)을 잘 할 수 있게 해 달라고 기도해야 합니다.

2) 상대방이 어떤 사람(인격, 성격, 수준, 상황 등)인지 잘 알려고 해야 합니다.

3) 상대방이 무엇을 말하고, 어떤 감정으로 말하고, 어떤 상황인지 이해해야 합니다.

4) 상대방에게 마음이 열려 있고, 작은 실수들을 용납할 수 있어야 합니다.

5) 상대방과의 의사소통을 공격과 방어의 수단, 그리고 경쟁으로 여기면 안 됩니다.

6) 상대방에게 솔직하게 자신의 생각과 감정을 말할 수 있어야 합니다.

7) '사랑한다', '감사하다', '잘못했다', '미안하다'는 말을 할 수 있어야 합니다.

8) 서로의 다름을 인정하고, 상대방이 자신의 말을 잘 이해했는지 물을 수 있어야 하고, 상대방의 말을 자신이 잘 이해했는지 되물을 수 있어야 합니다.

9) 상대방의 말을 알아듣는 노력과 상대방에게 자신의 말을 잘 이해시킬 수 있는 노력을 해야 합니다.

10) 상대방과의 의사소통(대화)에서 자신이 먼저 상대방의 마음을 받아주려는 자세와 자신이 먼저 변화되려는 마음을 가져야 합니다.

7 의사소통(대화)이 잘 되게 하는 말하기 요소들

옳은 말(성경에 근거한), 정직하고 선한 말, 경우(상황과 분위기 등)에 합당한 말, 사랑과 신뢰를 표현하는 말, 칭찬하고 격려하는 말, 인정하고 세워주는 말, 위로의 말, 용서하는 말, 감사하는 말, 긍정적인 말, 책임질 수 있는 말, 부드러운 말, 상대방의 입장을 고려해서 하는 배려의 말, 확실하고 정확한 말, 그리고 감정적인 말을 할 때는 나 전달법 등을 사용하면 소통이 잘 되게 하는 좋은 대화의 요소들입니다. 특히 대화를 많이 하는 것보다 더 중요한 것은 좋은 대화를 많이 하는 것임을 명심해야 합니다.

8 의사소통(대화)이 잘 안 되게 하는 말하기 요소들

거짓말, 더러운 말, 악한 말, 저주하는 말, 너무 흥분하거나 화내면서 하는 말, 경우에 안 맞는 말, 부정적인 말, 과격한 말(욕설, 조롱, 막말 등), 비난이나 비판의 말, 앞뒤가 안 맞는 말, 자기 자랑, 자기만 일방적으로 말하거나 너무 혼자만 많이 하는 말, 교만한 말, 비아냥거리는 말, 다투려고 시비 거는 말, 상대방의 약점이나 과거의 일들을 부정적으로 사용하는 말, 감정을 상하게 하는 말들이나 마음에 상처를 주는 말, 다른 사람들에 대한 험담이나 비방, 미련한 질문과 대답, 동문서답 등은 소통이 안 되게 하는 나쁜 대화의 요소들입니다. 이런 요소들은 대화를 할 때 반드시 버려야 합니다.

9 의사소통(대화)이 잘 되게 하는 듣기 요소들

상대방의 말을 들을 때는 집중해서 듣고, 상대방의 말이 조금 길어지더라도 인내해서 듣고, 말보다 듣는 것을 많이 하고, 대화의 중간에 고개를 끄떡이는 등의 공감을 표현하고, 맞장구를 치는 등의 긍정적인 반응을 하고, 같이 울고 같이 웃는 등의 상대방의 마음에 맞는 감정이입을 하며, 말없이 들을 때와 묻고 답할 때를 알고 적절하게 듣고 대화한다면, 소통이 잘 되는 좋은 대화를 하게 될 것입니다. 특히 남자와 여자는 말하는 법과 듣는 법이 다름을 알아야 합니다. 또한 여자는 말을 많이 하고, 동일한 주제의 대화를 반복적으로 하는 경향이 있는데, 이 때 여자는 남자가 공감하며 들어주기만을 바라고 말하는 경우가 대부분입니다. 그러기에 남자들은 분석, 판단, 비난, 그리고 해결해 주려는 마음이 아닌, 여자들의 마음을 이해하고 있는 그대로 들어주려는 자세가 필요합니다.

10 의사소통(대화)이 안 되게 하는 듣기 요소들

상대방이 말을 들어주지는 않거나, 상대방의 말을 다 듣지도 않고 무례하게 끊거나, 상대방의 말을 평가하려고 하거나, 상대방의 말을 부정적으로 여기는 표정이나 말투, 상대방이 말을 할 때 말에 집중하지 않고 딴짓을 하거나, 상대방의 말을 무시하면서 비웃거나, 주제와 상관없는 질문이나 상대방의 말에 필요이상 무슨 의미냐고 되묻거나, 짜증 섞인 말투로 그래서 어쩔거냐고 되묻거나, 상대방의 말을 다 듣기도 전에 자기만의 결론으로 몰아붙이거나, 어떤 문제의 답을 강요하는 등의 대화를 한다면, 소통은 커녕 상대방의 마음에 상처를 주거나 다툼이나 싸움이 일어나게 하는 원인이 될 수도 있습니다.

제9-1과 부부 갈등과 화해
(분노에 대한 가르침의 실천편)

1 부부 갈등

사람들의 관계에서는 다양한 갈등이 일어나는 것처럼, 부부 관계에서도 다양한 갈등(의견 충돌, 짜증, 분노, 다툼, 싸움 등)이 일어날 수 있습니다. 그리고 부부로 살면서 갈등 없이 사는 사람들은 없을 것입니다. 만약 부부가 갈등할 때마다 그 원인들을 기록해 둔다면, 평생 동안 수천 가지의 원인을 기록하게 될 것입니다. 특히 마귀는 부부의 아주 사소한 갈등이나 다툼을 이용해서도 부부 사이가 나빠지게 하거나 부부 관계가 깨어지도록 적극적으로 공격하기에, 부부 관계에 마귀가 들어갈 틈을 주지 않도록 노력해야 합니다.

2 부부 갈등의 일반적인 원인

신앙 문제(신앙관의 차이, 신앙 수준의 차이, 신앙의 기복이 심한 경우 등), 성격 차이, 생활 습관의 차이, 남녀의 차이, 가치관이나 세계관의 차이, 표현 방법의 차이, 자녀 문제나 양육 방식의 차이, 다른 사람들과의 비교, 대화의 부족이나 단절, 서로에 대한 이해 부족, 부정적인 말투, 직업이나 물질적인 문제(소득의 기대치 차이, 사치와 낭비), 성생활의 문제와 외도, 원가족이나 친척들과의 문제, 다른 사람들과의 관계 문제, 가사 분담 문제, 스트레스나 질병(피곤한 육체와 마음의 병 포함) 등 건강 문제, 이기적인 욕심, 거짓말, 중독이나 집착, 질투나 애정결핍, 무관심, 오해, 열등감이나 자격지심, 범죄 등을 비롯해 부부 갈등의 원인들은 셀 수 없이 다양합니다.

3 부부 간의 갈등에 대처하는 방법들

1) 배우자와 대화를 통해 갈등을 최소화하려고 노력합니다.
2) 서로가 부족하기에 갈등이 있을 수 있다고 생각하여 현실을 그대로 받아들입니다.
3) 갈등을 겪지 않기 위해 배우자의 생각이나 의견에 맞게 살려고 노력합니다.
4) 배우자에게 화내고, 다투고, 싸워서라도 갈등의 원인들을 해결하려고 합니다.
5) 갈등의 원인과 해결방법을 생각하고 찾기보다는 무시하거나 회피해 버립니다.
6) 목회자나 전문가의 상담이나 멘토링, 책을 통해 해결책을 찾으려고 합니다.
7) 비슷한 갈등을 겪는 사람들의 의견을 듣고, 도움을 받으려고 합니다.

8) 다른 가족들이나 친척, 또는 친한 친구들과 해결방법을 상의합니다.

9) 다툼이나 싸움을 피하기 위해 참거나 속에 묻어 두고 표현하지 않습니다.

10) 갈등을 피하기 위해 거짓말로라도 갈등이 생길만한 상황들을 벗어나려고 합니다.

4 부부 갈등의 결과

부부로 살다보면 크고 작은 갈등(다툼, 싸움)을 할 수 있지만, 그 갈등의 결과가 부정적인 결과가 아닌 긍정적인 결과를 낳도록 서로 노력하는 것이 중요합니다.

1) **긍정적인 결과:** 자신의 부족을 돌아보는 계기, 배우자를 더 잘 아는 계기, 부부가 서로의 실수나 잘못을 인정, 배우자를 이해하고 양보, 갈등하는 부분에 대해 배우자와 충분한 대화, 실수나 잘못을 하지 않기 위해 조심하거나 노력, 배우자에 대한 배려의 증가, 인내심의 증가, 배우자의 허물을 덮는 마음의 성숙, 갈등을 줄일 수 있는 방법들을 찾는 계기, 화해를 잘 하는 방법을 터득, 실수나 잘못에 대한 사과와 용서로 인해 부부가 더 친밀해지는 결과를 낳습니다.

2) **부정적인 결과:** 서로에 대한 분노의 증가, 다툼이 증가, 싸움이나 폭력(언어, 폭행)의 증가, 무관심의 증가, 서로를 무시하거나 비난하는 모습의 증가, 배우자에 대한 부정적인 생각의 증가, 배우자를 이해하지 않으려 하거나 양보하려고 하지 않음, 가정에 불안한 마음과 두려움이 증가, 평화가 깨지고, 사랑이 식고, 신뢰가 깨지고, 대화가 줄어들거나 없어지고, 삶의 의욕 상실, 행복에 대한 기대감 상실, 부부간의 친밀도가 떨어져 간음이 일어날 가능성이 증가, 기도생활을 비롯한 신앙생활을 제대로 하지 못함, 극심한 스트레스와 홧병, 갈등으로 생긴 스트레스를 자녀들이나 가족들에게 화풀이, 별거와 이혼의 증가, 그리고 마음의 불안정으로 인한 자살이나 살인 등의 결과를 낳습니다.

5 부부 갈등을 해결할 수 있는 방법

1) **기도:** 갈등의 문제를 하나님께 내려놓고 도와달라고 기도해야 합니다. 이 때 갈등의 해결을 위해서 기도할 뿐만 아니라, 자신과 배우자가 영적으로 성숙할 수 있도록 기도해야 합니다.

2) **원인 찾기:** 갈등의 원인이 무엇인지 찾아야 합니다. 갈등에 대한 문제를 부정하거나 갈등의 문제를 회피하는 것은 갈등의 문제를 더 심해지게 하는 원인이 됨을 알아야 합니다.

3) **신뢰의 회복:** 부부로서 서로에 대한 사랑과 신뢰를 확인해야 합니다. 갈등한다고 부부가 아닌 것은 아니고, 갈등으로 인해 사랑과 신뢰가 깨지면 안 됨을 꼭 기억해야 합니다.

4) **대화 소통:** 갈등하는 문제들을 한 가지씩 정확히 대화를 해야 합니다. 배우자의 문제들을 말하기 전에 자신의 부족한 부분과 잘못을 인정하고, 최대한 사실에 근거해 자신의 생각만을 말해야 합니다.

5) **다름 인정:** 배우자와 생각(신앙관, 가정관, 가치관, 경제관, 윤리관 등)이나 삶의 방식, 수준이나 습관, 말이나 행동의 표현 방법 등 모든 부분에 있어 다름을 인정해야 합니다.

6) **감정 표현:** 자기 자신의 감정이 어떤지 솔직하게, 그리고 화를 내거나 과격하지 않은 모습으로 차분하게 표현합니다. 자신의 감정 문제를 배우자 때문이라고 말하지 않아야 합니다.

7) **바른 태도:** 배우자를 무시하거나 비난하는 말과 행동, 공격적인 말이나 부정적인 표현, 그리고 폭언이나 폭행이 아닌 배우자에게 예의를 갖춘 바른 태도로 말하고 행동할 뿐만 아니라, 배우자를 인격적으로 대해야 합니다.

8) **현재 집중:** 과거의 문제들이 아닌 현재의 문제에만 집중해야 합니다. 과거의 갈등에 대해 말하기 시작하면, 현재의 문제의 본질을 왜곡하거나 현재의 문제를 해결하는데 더 어려워질 수 있습니다.

9) **사과 행위:** 잘못한 사람은 자신의 잘못을 솔직히 인정하고, 상대방에 용서를 구해야 합니다. 그리고 사과를 받는 사람은 배우자의 잘못을 용서해 주는 성숙함이 있어야 합니다.

10) **상상 금지:** 갈등이 해결되지 않을거라는 부정적인 상상, 지금 배우자와 살지 않으면 더 좋을 것이라는 상상, 갈등이 반복될거라는 상상, 마음의 상처는 치유되지 않을거라는 상상, 그리고 이혼하게 될거라는 상상 등의 부정적인 상상을 하지 말아야 합니다.

11) **규칙 정하기:** 갈등의 원인을 찾고 갈등의 문제를 해결했다면, 동일한 갈등이 반복되지 않도록 말, 행동, 습관, 그리고 관계에 규칙(Check List를 만듦)을 정해야 합니다. 이 때 동일한 갈등이 일어날 수 밖에 없는 관계나 상황들을 최대한 바꿔야 합니다.

12) **학습 및 상담:** 갈등을 줄일 수 있는 방법과 갈등을 좋게 해결할 수 있는 방법들을 배우고, 목회자나 전문가에게 찾아가 부부 갈등에 관련된 상담을 통해 도움을 받으면 좋습니다.

6 부부 갈등을 최소로 줄이는 방법

1) 하나님과의 영적으로 친밀한 관계를 항상 유지해야 합니다.
2) 배우자가 영적으로 바로 설 수 있도록 항상 도와주어야 합니다.
3) 배우자와 사랑하고 신뢰하며 잘 살도록 하나님께 끊임없이 기도해야 합니다.

4) 배우자는 가장 사랑하고, 가장 신뢰하는 사람임을 잊지 말아야 합니다.
5) 함께 부부로 살고 있다는 사실만으로 감사하며 살아야 합니다.
6) 서로에게 사랑한다는 말과 고맙다는 말을 많이 해야 합니다.
7) 서로에게 칭찬하고, 격려하는 말을 많이 해야 합니다.
8) 미안할 때 미안하다고 말하고, 잘못했을 때 잘못했다고 말해야 합니다.
9) 서로에게 배려하고, 좋은 것을 주려고 하는 마음을 가져야 합니다.
10) 배우자가 무엇을 필요로 하는지 끊임없이 관찰해야 합니다.
11) 배우자의 말을 잘 들어주어야 합니다.
12) 항상 서로가 실수할 수 있고, 잘못할 수 있는 부족한 사람임을 생각해야 합니다.
13) 서로 사랑하고 신뢰하는 부부라도 갈등을 할 수 있고, 다투거나 싸울 수 있음을 인정해야 합니다.
14) 배우자나 배우자 가정에 대해 부정적인 생각이나 말, 그리고 행동을 최대한 줄여야 합니다.
15) 서로 적절한 스킨십과 성 생활을 잘 유지해야 합니다.
16) 서로가 생각과 말과 행동 등 모든 면에서 다름을 인정하고 받아 들여야 합니다.
17) 갈등이나 싸움에 대한 결과는 이혼이 아니라, 화해임을 마음에 품고 살아야 합니다.
18) 건강을 잘 유지하고, 지나치게 스트레스를 받거나 너무 피곤하지 않도록 주의해야 합니다.
19) 마음을 안정적으로 유지하고, 사소한 일에 너무 과민반응을 하지 않도록 훈련해야 합니다.
20) 배우자에게 너무 집착하거나 배우자를 너무 옭아매면 안 됩니다.

7 화해의 중요성

분노, 갈등, 다툼, 그리고 싸움을 하지 않으려고 노력하는 것도 중요하지만, 분노, 갈등, 다툼, 그리고 싸움 후에 제대로 화해하는 것은 더 중요합니다. 화해의 결과에 따라 갈등(짜증, 분노, 다툼, 싸움) 이전보다 더 친밀하고 더 사랑하는 관계가 될 수 있기도 하고, 화해가 제대로 안 되어 관계를 더 악화시켜 별거나 이혼 등 아주 안 좋은 결과를 낳게 될 수도 있기 때문입니다. 그러기에 화해를 잘 하기 위한 방법을 배우고, 실전에 적용할 수 있도록 반복적으로 훈련하는 것이 필요합니다. 부부 갈등의 끝은 화해로 인한 행복한 부부로의 회복이지, 이혼이 아님을 꼭 기억하며 살아야 합니다.

8 화해의 방법에 대한 남자와 여자의 차이

1) 남자는 급하게 화를 냈다가 화가 빨리 풀리고, 즉흥적으로 화를 낼 때가 많습니다. 반면 여자는 천천히 화를 냈다가 천천히 화가 풀리고, 즉흥적으로는 화를 잘 내지 않습니다. 물론 성격에 따라 화를 빨리 내는 사람, 화를 빨리 푸는 사람, 그리고 화를 천천히 푸는 사람이 있으므로 자신과 배우자가 어떤 스타일 인지 아는 것이 중요합니다.

2) 남자는 다툼의 원인이나 일어난 상황이 이해되지 않아도, 그 상황을 벗어나기 위해 미안하다고 사과하거나 쉽게 용서하기도 합니다. 반면 여자는 다툼이 일어난 원인이나 일어난 상황이 이해가 되었을 때만 사과하거나 용서를 합니다. 물론 이 부분도 남자와 여자가 반대인 부부도 있습니다.

3) 남자는 여자가 자신의 말을 아무리 잘 들어줘도 문제가 해결되었을 때나 상황을 벗어나고 싶을 때 화가 풀립니다. 반면 여자는 문제의 해결도 중요하지만 자신의 이야기를 남자가 잘 들어주기만 해도 화가 풀립니다.

4) 남자는 화가 났을 때도 성 행위(스킨십, 성 관계 등)를 원하기도 하고, 성 행위가 화해를 위한 도구가 되기도 합니다. 반면 여자는 화가 났을 때는 성 행위(스킨십, 성관계)를 원하지 않으며, 화가 났을 때 성 행위를 요구하면 더 큰 화를 불러 일으키기도 합니다.

5) 남자는 상황에 따라서는 여자보다 사회적인 관계나 일이 우선일 때가 있지만, 여자는 그 어떤 상황에서도 남자가 여자를 먼저 생각하고 말과 행동을 해 주기를 원합니다.

9 화해를 잘하기 위한 방법들

1) 화해를 잘 할 수 있는 지혜를 달라고 하나님의 도우심을 구해야 합니다.
2) 대화를 하되 진실을 말하고, 상대방이 하는 말을 진실로 믿고 들어주어야 합니다.
3) 상대방이 하는 말을 다 들은 후에 자신의 말을 해야 합니다.
4) 상대방이 하는 말이나 행동을 판단, 비판, 질책하지 말아야 합니다.
5) 서로가 다름을 인정하고, 상대방의 말과 행동에 왜 자신이 화가 나는지만 말해야 합니다.
6) 그 어떤 경우에도 다른 사람과 비교하거나 가족들을 비난하지 말아야 합니다.
7) 거짓 변명을 하지 말고, 솔직하게 말해야 합니다.
8) 상대방을 비하하지 말고, 마음에 상처를 주는 말과 인신공격도 하면 안 됩니다.
9) 큰 문제가 아니라면 사랑하는 사람에게 져주려는 마음이 있어야 합니다.
10) 자신도 실수할 수 있는 부족한 사람임을 생각해야 합니다.

11) 화해할 수 있음을 믿고, 부정적인 상상(폭력, 이혼, 못 살겠다, 죽고 싶다 등)을 하지 말아야 합니다.

12) 감정이 나빠지지 않도록 하기 위해 화해를 할 때도 속도 조절이 필요합니다.

13) 잘못한 것은 잘못했다, 미안한 것은 미안하다고 말해야 합니다.

14) 함께 기도하거나 상대방을 얼마나 사랑하고 신뢰하는지 말해주어야 합니다.

15) 목회자나 전문가로부터의 상담, 멘토링 등을 통해 화해를 시도하거나 화해의 방법을 배워야 합니다.

10 부부가 화해한 후 함께 하면 좋은 활동들

부부가 함께 서로를 위해 기도하는 시간을 갖고, 확실한 용서의 표현을 하고, 서로에 대한 신뢰를 확인하는 시간을 갖고, 서로 사랑한다는 표현을 말과 행동(스킨십 등)으로 하고, 재발 방지에 대한 약속과 재발 방지 방법 등에 대해 함께 대화하고, 부부 관계에서의 갈등과 화해에 대해 교육을 받거나 멘토링이나 상담을 받으면 좋습니다.

물질(돈)
(물질에 대한 가르침의 실천편)

1 물질(돈)

하나님께서는 모든 만물의 주인이시고, 사람들에게 은혜로 물질을 주셨습니다. 그러기에 물질은 하나님의 말씀을 기준으로 벌고 써야 합니다. 그리고 물질을 주신 하나님께 감사할 뿐만 아니라, 물질을 하나님이 기뻐하시는 방법으로 잘 벌고 잘 쓸 수 있게 도와달라고 기도해야 합니다. 특히 물질은 사람들이 가장 많이 시험을 당하여 넘어지는 것 중에 하나이기에, 항상 물질에 주의하며 살아야 합니다.

2 신앙과 물질

1) 하나님과 물질을 겸하여 섬기거나 사랑할 수 없음을 알고, 항상 하나님을 섬기고 사랑해야 합니다. 특히 돈을 사랑하는 것이 죄악의 뿌리임을 기억해야 합니다.
2) 하나님께서는 물질을 주시기도 하시고, 가져가기도 하시는 분입니다.
3) 물질은 하나님께서 주신 은혜이자 맡겨주신 것이기에, 하나님이 원하시는 방법대로 사용해야 합니다. 하나님께서 주신 물질은 드리고, 누리고, 나누는 일에 균형있게 사용해야 합니다.
4) 물질적인 누림을 하나님의 은혜로 알고 감사하며 자유롭게 사용해야지, 물질적인 누림을 죄악시하는 것은 잘못입니다.
5) 물질의 유혹, 물질에 대한 욕심, 물질에 대한 집착, 그리고 물질에 대한 과도한 생각과 걱정은 잘못된 삶을 살게 하거나 죄악에 빠지게 합니다.
6) 교회와 그리스도인은 물질을 기준으로 사람들을 판단하거나 차별하면 안 됩니다.
7) 부지런하고 후하게 베푸는 사람은 부유해지지만, 게으르고 인색하게 사는 사람은 가난해질 것입니다.
8) 믿음의 형제들이 가난하거나 물질이 필요할 때는 나누어 주어야 합니다.
9) 물질의 많고 적음이 아니라 신앙의 성숙이 삶과 행복의 기준이 되어야 합니다.
10) 물질이 부유한 사람이 천국에 가기가 힘들다는 사실을 명심하며 살아야 합니다.

3 가정과 물질(돈)

1) 결혼한 부부는 부모로부터 경제적인 독립을 해야 합니다. 그리고 부부가 어떻게 가정의

물질적인 부분을 해결하며 살 것인지, 즉 땀 흘려 일해서 돈을 벌기 위한 방법을 구체적으로 정해야 합니다.

2) 하나님의 말씀에 기준을 두고 바르게 돈을 벌되, 신앙생활과 가정생활에 지장이 없는 범위내에서 돈을 벌어야 합니다. 특히 하나님께서 맡겨주신 물질에 만족하며 살아야 합니다.

3) 부부가 드림(가정에서 가장 우선되어야 하는 지출), 누림, 나눔에 맞게 구체적인 지출 항목들을 협의하여 작성하고, 지출 항목들에 관리자를 정할 뿐만 아니라, 그에 맞게 지출하는 습관을 가져야 합니다. 이 때 과소비나 사치를 멀리하고, 특히 빚을 지지 않도록 주의해야 합니다.

4) 부부가 서로의 재정 상태(직업, 급여, 저축, 투자, 가족들 지원 금액, 유산, 보증, 빚 등)와 신용상태, 그리고 서로의 물질관(돈을 버는 방법, 소비 방법, 보증을 서는 문제, 투자나 저축, 그리고 빚을 지는 문제 등)을 잘 알아야 합니다.

5) 부부가 재정관리를 어떻게 할 것인지를 정하고, 재정에 대한 구체적인 계획을 가져야 합니다. 구체적인 재정 계획은 사치나 낭비하는 삶을 사는 것을 막을 수 있고, 더 많이 드리고 나눌 수 있게 합니다.

6) 하나님이 주시는 물질적인 은혜를 받기 위해 열심히 땀 흘려 일해야 합니다.

7) 물질 때문에 가족들의 관계에 문제가 생기지 않도록 항상 주의해야 합니다. 다시 말해 물질이 가족들 간의 사랑을 방해하지 않아야 하고, 물질적인 부분으로 서로를 무시하거나 서로를 속여서는 안 됩니다. 물론 가족들 중에 가난한 사람이 있다면 우선적으로 도와주어야 합니다.

8) 하나님께 드리는 헌금은 부부 중에 믿음이 적은 사람을 기준으로 해야 하는 경우도 있습니다. 왜냐하면, 믿음이 적은 사람이 시험에 들지 않게 하기 위해서입니다. 물론 믿음이 적은 사람의 영적인 성장을 위해 기도하고, 그들이 하나님께 십일조를 비롯한 헌금 생활을 잘 하도록 돕고 설득하는 노력도 해야 합니다.

9) 물질이 필요한 여러 가지 상황이나 문제에 대비하고, 미래(자녀 양육, 노후 등)를 준비하기 위한 저축에 대한 계획을 세워야 합니다.

10) 물질을 사용함에 있어 동물을 돌보거나 물건을 구입하느라 하나님께 드리고 사람들을 살리는 일인 영혼 구원 및 구제 등을 게을리 하면 안 됩니다.

❹ 물질(돈)을 버는 5가지 기준

1) 하나님의 말씀에 어긋나지 않는 방법으로 정직하게 돈을 벌어야 합니다.
2) 자신에게 유익(영적, 육체적, 가정생활, 신앙생활, 사회생활 등)이 되는 만큼만 돈을 벌어야 합니다.
3) 다른 사람들에게 손해를 끼치지 않는 범위에서 돈을 벌어야 합니다.
4) 신앙생활과 육체적인 건강에 문제가 생기지 않는 범위에서 돈을 벌어야 합니다.
5) 세상 법을 지키는 범위 안에서 돈을 벌어야 합니다.

❺ 물질을 소비하는 3가지 기준

1) **드림:** 하나님께 드림
   ① 물질은 하나님께서 주시기에, 하나님께서 원하시는 방법대로 물질을 사용해야 합니다.
   ② 그리스도인들은 물질을 맡은 청지기로서 하나님께 드리는 십일조와 헌금 생활을 우선해야 합니다.
   ③ 그리스도인들은 전도와 선교를 위해 물질을 사용해야 합니다.

2) **누림:** 자신과 가족들이 누림
   ① 다른 사람들에게 덕을 세우는 범위 내에서 물질을 사용해야 합니다.
   ② 물질을 사용할 때 과소비를 하거나 사치를 하면 안 됩니다.
   ③ 부부는 물질을 공동으로 사용해야지, 한 사람만 일방적으로 사용하면 안 됩니다. 특히 가족들은 물질적으로 서로 돕고 나누며 사는 것이 바람직합니다.

3) **나눔:** 다른 사람들에게 나눔
   ① 성인이 된 후에는 부모님을 공경하는 데 물질을 사용해야 합니다.
   ② 가난한 사람들을 위한 구제와 나눔에 물질을 사용해야 합니다.
   ③ 다른 사람들을 섬기고 돕는 일에 물질을 사용해야 합니다.

❻ 절대 금해야 할 물질의 지출

1) 죄(세상적인 범죄 포함)를 짓는데 필요한 지출
2) 자기 과시, 과소비, 사치, 가치 없는 일 등의 낭비를 위한 지출
3) 도박이나 음란(성을 사거나 포르노 등의 음란물 구입)을 위한 지출
4) 술이나 마약을 비롯한 건강을 상하게 하는 물품을 구입하기 위한 지출

5) 뇌물을 위한 지출(뇌물을 주고받으면 안 됩니다.)

6) 부부관계에 심각한 문제(별거, 이혼 등)가 발생할 수 있는 지출

7) 가족관계 및 다른 사람들과의 관계에 심각한 문제가 발생할 수 있는 지출

7 빚에 대한 생각

자신이 갚을 수 있는 능력이 되지 않으면 절대 빚 보증(융자 보증 등)을 서지 말아야 하고, 빚을 지지 않기 위해 최선을 다해 일해야 합니다. 반면 다른 사람들에게 돈을 빌려 주었을 때는 그 돈을 되돌려 받지 못해도 괜찮다는 마음으로 빌려주어야 하며, 돈을 빌려간 사람을 함부로 대하거나 이자를 많이 받으려고 하지 말아야 합니다. 그리고 물질적인 여유가 있다면 가난한 사람들의 형편을 돌아보고, 그들을 돕고 더 나누어 주려고 힘써야 합니다.

8 저축에 대한 생각

그리스도인들도 저축(보험 포함)하며 살 수 있으나, 저축을 하기에 앞서 하나님께 드리고, 다른 사람들에게 나누는 삶을 잘 살고 있는지 점검해야 합니다. 그리스도인들도 세상에 살고 있기에 하나님께 드리고, 다른 사람들과 잘 나누는 삶을 살고 있다면, 인생을 살면서 생길 수 있는 여러 가지 상황이나 문제에 대비하고, 미래(자녀 양육, 노후 등)를 준비하기 위해 저축을 하며 사는 지혜가 필요합니다.

9 그리스도인들이 물질(돈)에 대해 버려야 할 태도들

1) 자신이 소유한 물질이 자신의 것이라는 마음을 버려야 합니다.

2) 물질에 대한 욕심과 집착을 버려야 합니다.

3) 물질이 자신의 마음과 삶을 지배하는 물질의 노예 된 삶을 버려야 합니다.

4) 물질적인 부유함으로 생긴 교만한 마음을 버려야 합니다.

5) 물질이 없어 가난하여도 남의 것을 탐내는 마음은 버려야 합니다.

6) 물질 때문에 하나님과의 관계가 멀어진다면 물질을 버려야 합니다.

7) 물질을 드리고 나누는 것에는 사용하지 않고, 누림에만 집중하는 삶을 버려야 합니다.

8) 물질을 쉽게 얻기 위한 일확천금(복권, 도박 등)을 바라는 마음을 버려야 합니다.

9) 물질을 기준으로 사람을 차별하는 마음과 삶을 버려야 합니다.

10) 물질로 사치하고, 과소비하고, 낭비하는 삶을 버려야 합니다.

⑩ 물질(돈)과 삶 그리고 유산

1) 가족들이 함께 모여 성경적인 물질관을 정기적으로 배워야 합니다.

2) 가족들이 각자의 소비생활과 가정의 소비생활을 점검하고, 잘못된 부분은 고쳐나가야 합니다.

3) 부모가 자녀들에게 성경적인 물질관과 실제적인 드림, 누림, 나눔의 삶을 가르치고 보여주어야 합니다.

4) 하나님께서 개인과 가정에 물질을 주실 때는 분명한 이유가 있음을 알고, 하나님이 기뻐하시는 모습으로 사용하기 위해 기도하고 또 기도해야 합니다.

5) 부모는 자녀들에게 물질적인 유산을 남겨주기 위해 애쓰지 말고, 바른 신앙과 성경적인 물질관을 물려주기 위해 애써야 합니다.

청년들을 위한
결혼생활 안내서

부록

결혼 상담 체크 리스트
(Marriage Counseling Check List)

결혼하기 전에 자신과 결혼할 사람(이하 파트너 또는 배우자) 서로를 정확히 아는 것은 아주 중요합니다. 혹시라도 서로 맞지 않는다는 사실을 모르고 결혼하게 되어, 결혼 후 서로가 맞지 않아 많이 힘들어하거나 심지어는 이혼을 하게 되는 상황이 발생하는 일이 없어야 합니다. 실제로 많은 사람들이 이성교제를 하는 동안 결혼생활의 실제적인 부분에 대해서 많은 대화를 나누지 않는 것이 현실입니다. 그저 감정적인 부분과 눈에 보이는 것들, 그리고 서로의 쾌락에만 집중하는 시간을 갖다보니, 서로를 잘 모르고 결혼을 했다가 결혼 후 상대방의 좋지 못한 모습을 발견하고 후회하거나 심각한 부부문제로 인해 아파하는 사람들이 많습니다. 이 Check List는 이성 교제를 통해 지금 만나는 파트너와 결혼을 하고 싶다는 생각이 들었을 때나 지금 파트너와 결혼하기로 결정을 하였을 때 영적인 멘토와 함께 사용해 보면 좋을 것 같습니다(단, 멘토가 없을 때는 두 사람이 진지하게 체크하고 대화를 나눠보는 것도 좋습니다.). 그래서 서로의 모습을 좀 더 잘 알고, 마지막까지 행복한 결혼을 잘 준비하는 계기가 되었으면 좋겠습니다. 특히 이 Check List의 질문들은 기초적인 수준이기 때문에, 이 질문들을 함께 하는 동안 더 깊고 구체적인 질문들을 서로 나눌 수 있는 계기가 되기를 바랍니다. 또한 이 Check List를 작성할 때 하나님께 충분히 기도하고, 거짓 없이 작성해야 합니다. 이 Check List를 통해 나누는 대화가 행복한 결혼생활을 시작하기에 앞서 진행하는 최종 점검의 역할을 할 수 있기를 바랍니다.

1 신앙생활

1) 예수 그리스도를 믿음으로 구원 받았다고 확신합니까? 성경이 하나님의 말씀임을 확실히 믿습니까?

2) 구원을 받았다고 확신한다면 구원을 받은 사람으로서 성경을 읽고, 성경대로 살기 위해 구체적으로 어떤 노력을 하고 있습니까?(예배생활, 성경 읽기와 실천, 기도생활, 봉사활동, 전도 등)

3) 자신에게 하나님의 말씀과 신앙생활은 그 무엇보다 우선입니까? 그렇다면 삶에 고난과 어려움이 찾아와도 성경 중심, 교회 중심의 신앙생활을 반드시 지키겠다는 믿음이 있습니까?

4) 자신과 파트너가 성경 중심의 신앙관을 가지고 있습니까? 그리고 파트너의 신앙 수준을 잘 알고 받아들일 준비가 되어 있습니까?

5) 파트너 가족들의 종교와 신앙생활에 대해 잘 알고 있습니까? 또한 결혼 후 배우자와 함께 신앙생활을 할 교회를 결정할 때 무엇을 기준으로 교회를 결정할 생각입니까?

6) 결혼 후 가정 예배나 가정 기도회를 할 예정입니까? 만약 예배를 드리거나 기도회를 한다면 언제, 어떻게, 누구의 주관 하에 할 생각입니까?

7) 결혼 후 부부가 교회의 어떤 활동(예배, 기도회, 봉사, 선교, 캠프 등)에 참여할 생각입니까? 또한 결혼 후 부부가 함께 섬길 교회에 대해 대화를 나누고 있습니까?

8) 지금 파트너와 이성교제를 하는 동안 서로의 신앙이 더 좋아졌다고 생각합니까? 아니면 그대로 유지되거나 신앙이 더 나빠졌다고 생각합니까?

9) 결혼 후 부부가 신앙생활에서 예배는 믿음이 더 좋은 사람을 기준으로 하고, 헌금과 봉사는 믿음이 적은 사람을 배려하면서 하라는 조언을 어떻게 적용할 생각입니까?

10) 하나님께서 자신에게 결혼을 통해 가정을 세우도록 허락하시는 이유와 자신이 결혼을 통해 세우게 될 가정의 사명은 무엇이라고 생각합니까?

특별 질문

- 결혼 후 신앙적으로 어떤 모습의 가정이 되고 싶습니까?
- 파트너의 신앙생활에 대한 생각과 행동에서 가장 염려되는 부분은 무엇입니까?

② 원가족(파트너 가정에 대한 이해도)

1) 가족들(또는 파트너의 가족들)이 서로 친밀하고, 대화가 잘 되고, 화목하고, 서로 잘 돕는 편입니까?

2) 부모님(또는 파트너의 부모님)과 함께 살아야 하는 상황이 온다면 함께 살 마음이 있습니까?

3) 부모님(또는 파트너의 부모님)을 어떻게 섬길 생각입니까?(만남, 용돈, 집안 일 도움 등) 그리고 부모님(또는 파트너의 부모님)과 대화 수준은 어디까지가 적당하다고 생각합니까?

4) 두 사람의 부부 관계에서 부모님(또는 파트너의 부모님)이 개입할 가능성이 있습니까? 있다면 부모님(또는 파트너의 부모님)이 두 사람의 결혼생활에 방해가 될 수 있는 부분은 무엇이라고 생각합니까?

5) 결혼 후 파트너 가정의 가족 문화(종교, 생일, 기념일 등)를 받아들일 자세가 되어 있습니까? 또한 결혼 후 자신의 원 가정과 파트너의 가정의 방문에 대한 원칙을 정했습니까? (평상시와 명절 때, 생일, 기념일 등)

6) 부모님(또는 파트너의 부모님) 외에 파트너의 형제들과는 어느 정도로 관계를 유지하고 싶습니까?

7) 자신의 가정이나 파트너의 가정 중 어느 쪽에 중심을 두고 생활하겠으며, 그 이유는 무엇입니까?

8) 부모님(또는 파트너의 부모님)이나 형제들(또는 파트너의 형제들)과의 관계에서 파트너가 도와주었으면 하고 바라는 것은 무엇입니까?

9) 배우자가 원 가정의 가족들로부터 받은 상처들이나 가족들과의 부정적인 관계에 대해 알고 있습니까?

10) 자신의 가족들이나 파트너의 가족들로 인해 갈등하고 있는 문제가 있다면 무엇입니까? 그리고 그 문제가 결혼을 준비하는 것과 앞으로의 결혼생활에 어떤 영향이 있다고 생각합니까?

특별 질문
- 결혼 후 자신과 파트너의 가족들이 어떤 관계를 맺으며 살고 싶습니까?
- 파트너가 가족들을 대하는 모습 중에서 가장 염려되는 부분은 무엇입니까?

3 가정생활과 자녀

1) 결혼 후 좋은 남편, 좋은 아내가 되기 위해 어떤 준비(배움)를 하고 있습니까?

2) 가사 활동을 잘 하는 편입니까? 아니면 가사 일에 관심이 없거나 가사 일을 해 본 적이 거의 없는 편입니까? 또한 자신이나 배우자가 음식을 전혀 못하거나 가사 활동을 해 본 적이 없다면 어떻게 하겠습니까?

3) 결혼 후 부부의 가사 분담(시장 보기, 식사 준비, 청소, 쓰레기 버리기, 공과금 납부, 빨래, 물건 구입, 집안 꾸미기 등)은 어떻게 할 생각입니까?

4) 결혼 후 부부끼리 꼭 하고 싶은 취미생활이나 봉사활동이 있다면 무엇입니까?

5) 결혼 후에도 혼자만의 시간을 갖고 싶을 때가 있음을 인정합니까? 또한 여가 시간에 부부가 하고 싶은 일이 다를 때는 어떻게 하겠습니까?

6) 결혼 후 성경적인 가정을 세우고, 성경적으로 자녀를 양육하기 위해 어떤 준비를 하고 있습니까?

7) 결혼 후 원하는 자녀수는 몇 명이며, 자신이나 파트너 중 아이를 원하지 않는 사람이 있습니까? 아이를 원하지 않는 사람이 있다면 그 이유가 무엇입니까?

8) 결혼 후 자녀가 태어나면 누가 자녀의 양육을 주로 맡을 생각입니까? 또한 맞벌이를 할 경우라면 자녀의 양육은 어떻게 할 생각입니까?

9) 자신과 배우자가 어떤 부모가 되기를 원합니까? 자녀교육을 위해 책을 함께 읽거나 함께 자녀교육 세미나에 참여할 마음이 있습니까?

10) 자신과 배우자가 자녀를 양육하는 방식이 다를 경우, 배우자가 자녀에게 욕하거나 폭행할 경우, 배우자가 자녀를 교육할 때 원칙과 일관성을 어길 경우 어떻게 하겠습니까?

특별 질문

- 결혼 후 어떤 모습의 가정이 되기를 원합니까?
- 파트너의 가정에 대한 생각이나 자세 중에서 가장 염려되는 부분은 무엇입니까?

4 건강과 성

1) 자신과 파트너는 건강(영적, 육체적, 정신적)에 문제가 없으며, 서로의 건강 상태를 알고 있습니까?

2) 자신이나 파트너의 건강이 결혼생활에 문제가 될 소지가 없습니까? 또한 가족들의 건강 상태(유전적인 질병 포함)를 잘 알고 있습니까?

3) 자신이나 파트너의 습관이나 행동과 버릇 중에 건강을 위해 고쳤으면 하고 바라는 것은 무엇입니까?

4) 결혼생활을 잘 유지할 수 없을만한 장애, 유전병, 말기암이나 정신질환 등의 병을 갖고 있습니까? 만약 그런 장애와 질병을 가지고 있다면 파트너가 정확히 알고 있습니까?

5) 결혼생활을 잘 유지하기 위해서는 건강(영적, 육체적, 정신적)이 필요합니다. 그렇다면 건강(영적, 육체적, 정신적)하게 살기 위해 어떤 노력을 하고 있습니까?

6) 성 생활에 대한 지식은 어느 정도 있습니까? 아래의 보기 중 어디에 해당합니까?

  ① 성 생활에 문제가 없을 만큼 잘 압니다.
  ② 성 생활을 위해 성교육이 필요한 상황입니다.

7) 이성 교제 중에 파트너와 성생활에 대한 대화를 해 본 적이 있습니까? 있다면 파트너와 결혼 후 성 생활에 문제가 될 만한 것은 전혀 없습니까?

8) 결혼 후 부부의 성생활이 부부관계에 미치는 영향은 어느 정도일 것이라고 생각합니까?

9) 불임을 일으킬 만한 질병이 있습니까? 결혼 후 부부가 정상적인 성생활을 해도 임신이 되지 않으면 어떻게 하겠습니까? 혹시 배우자와 함께 불임 검사를 받을 마음이 있습니까?

10) 결혼 후 자신이나 배우자가 포르노를 보거나 자위행위를 하는 것에 대해 어떻게 생각합니까?

특별 질문
- 가족들이 건강(영적, 육체적)하게 살기 위해 어떤 노력을 하고 싶습니까?
- 파트너의 건강이나 성적인 생각에서 가장 염려되는 부분은 무엇입니까?

5 소통(대화 포함)과 갈등 해결 및 관계

1) 파트너와의 소통을 위한 대화가 잘 되는 편입니까? 혹시 두 사람이 대화를 할 때 공감과 같은 좋은 반응이 아닌 비난, 비아냥거림, 비웃음, 무시와 같은 나쁜 반응이 있었던 적이 있었습니까?

2) 남자와 여자의 차이를 비롯해 이성의 행동 심리에 대해 잘 알고 있습니까? 또한 파트너의 마음을 잘 이해하는 말과 행동을 하는 편입니까?

3) 자신이나 파트너가 화를 잘 내거나 종종 예기치 않게 이성을 잃는 행동을 한 적이 있었습니까? 또는 상황에 맞지 않게 감정을 조절하지 못한 경우가 있었습니까?

4) 이성 교제를 하는 동안 지금 파트너와 심하게 다투거나 싸운 적이 있다면 무엇이었으며, 그 문제들을 어떻게 해결했습니까?

5) 이성 교제를 하는 동안 지금 파트너와 헤어진 적이 있다면 그 이유는 무엇입니까?(예를 들어 오해, 잦은 분노, 다툼, 싸움, 폭언이나 폭행, 거짓말 등) 만약 헤어진 적이 있었다면 어떻게 다시 교제를 하게 되었습니까?

6) 파트너와의 갈등(오해, 분노, 다툼, 싸움)이 생겼을 때 그 갈등을 해결할 능력이 있다고 생각합니까? 또한 결혼 후 배우자와 갈등(오해, 분노, 다툼, 폭언과 폭행, 싸움 등)은 줄이고, 소통은 잘 하기 위해 어떤 준비를 하고 있습니까?

7) 결혼 후 부부 싸움을 하면 각방을 쓰거나 원 가정(남자는 본가, 여자는 친정)으로 가거나 별거를 할 수 있다고 생각합니까? 만약 배우자가 그렇게 행동한다면 어떻게 할 생각입니까?

8) 파트너에게 듣는 말 중에 가장 듣기 싫은 말은 무엇이며, 파트너의 행동 중에 가장 기분 나쁜 행동은 무엇입니까? 또한 파트너가 자신에게 하는 사랑의 표현(좋은 말, 좋은 행동)이 마음에 듭니까?

9) 결혼 후 자신이나 배우자의 친구들을 집에 초대하는 것에 대해 어떻게 생각합니까? 또한

자신이나 배우자가 결혼 전의 이성 친구들을 계속 만나도 된다고 생각합니까?

10) 결혼 후 부부간에 문제가 생겼을 때 도움을 받을 수 있는 멘토나 영적인 리더가 있습니까? 또한 부부간에 문제가 생겼을 때 전문가에게 멘토링이나 상담을 적극적으로 받을 생각이 있습니까?

특별 질문
- 가족들이 소통을 잘 하고 갈등을 줄이기 위해 무엇을 하고 싶습니까?
- 파트너의 소통법과 사람들과의 관계에서 가장 염려되는 부분은 무엇입니까?

6 경제관(물질관)

1) 파트너의 직업과 급여, 재정(저축금액, 투자금액, 원 가정 지원 금액, 보증관련, 빚 등) 및 신용상태 등을 자세히 알고 있습니까?

2) 결혼 후 가정의 재정관리를 같이 벌어서 공동으로 관리하고 사용할 예정입니까? 아니면 각자 번 돈을 각자가 알아서 관리하고 사용하되, 생활비와 공동으로 사용할 돈을 따로 관리할 예정입니까?

3) 파트너의 소비 습관(인색, 보통, 과소비)을 알고 있을 뿐만 아니라, 그 소비 습관에 만족합니까?

4) 결혼 후 배우자와 가족들을 경제적으로 지원하고 돌볼 준비가 되어 있습니까? 결혼 후 가정을 재정적으로 지원하고 돌보기 위한 마음의 자세와 실제적인 상황에 대해 나눠봅시다.

5) 결혼 후 생활비 외에 꼭 지출해야 한다고 생각하는 것들은 무엇입니까?

① 헌금 ② 부모님(배우자 부모님) 용돈 ③ 나눔
④ 생명보험이나 미래를 위한 저축 ⑤ 기타:

6) 결혼 후 식비와 교통비를 빼고 각자에게 필요한 용돈은 얼마 정도로 하면 좋다고 생각합니까?

7) 결혼 후 맞벌이를 할 계획이라면, 아이를 낳았을 때는 아이 양육과 일을 어떻게 할 생각입니까?

8) 결혼 후 부모님(배우자의 부모님)이나 형제들(배우자의 형제들)이 경제적으로 어려워질 경우, 또는 가족들(배우자의 가족들)이 돈을 빌려 달라고 하거나 보증을 서 달라고 할 때 어떻게 할 생각입니까?

9) 결혼 후 물질의 많고 적음이 두 사람의 관계에 어떤 영향을 미칠거라고 생각합니까?

10) 지금까지 자신과 파트너는 물질을 다음 3가지의 역할에 맞게 사용하고 있다고 생각합니까?

① 드림의 역할(십일조를 비롯한 헌금 생활)

② 누림의 역할(덕을 세우는 범위 내에서 기쁨으로 자신을 위해 사용)

③ 나눔의 역할(부모님 용돈, 가난한 사람들을 위한 구제, 다른 사람들을 도움)

특별 질문

- 결혼 후 어떤 방법으로 물질을 벌고, 어떻게 사용하며 살고 싶습니까?
- 파트너의 물질관이나 재정관리 방법에서 가장 염려되는 부분은 무엇입니까?

7 비전, 삶의 방식과 생활 습관

1) 파트너의 가치관(신앙관, 결혼관, 가정관, 윤리관, 물질관, 세계관, 문화관, 국가관 등)을 알고 있으며, 자신은 파트너의 가치관을 받아들일 수 있습니까?

2) 파트너의 비전(하나님 안에서 평생 동안 기쁨으로 할 수 있는 일)에 대해 알고 있습니까? 자신은 파트너의 비전을 받아들일 수 있으며, 결혼 후 함께 그 비전을 이루어 가는 데 문제가 없습니까?

3) 파트너와 함께 서로의 비전을 이루어 가기 위해서는 어떤 노력을 해야 할 것이라고 생각합니까? 혹시 서로의 비전을 함께 이루어 가기 위한 노력을 하고 있습니까?

4) 파트너의 생활 습관(취침 및 기상 시간, 샤워 습관, 정리 정돈, 청소, 화장실 사용 습관, 추위와 더위를 견디는 정도, 좋아하는 음식과 싫어하는 음식 등), 버릇(잦은 방귀, 트림, 욕, 심한 신체의 떨림, 말더듬, 침 튀기며 말하기, 꼬집거나 물기, 잠버릇 등)에 대해 잘 알고 있습니까?

5) 파트너의 미래에 대한 생각과 자세, 그리고 실제적으로 미래를 준비하는 모습이 마음에 듭니까?

6) 자신의 큰 단점들로 고치기 위해 노력하고 있거나, 꼭 고쳤으면 하고 바라는 것들은 무엇입니까?

7) 파트너의 큰 단점들 중 꼭 고쳤으면 하고 바라는 것들은 무엇입니까?

8) 파트너와 결혼을 결정하게 된 가장 큰 이유(파트너의 매력) 3가지는 무엇입니까?

9) 파트너와 결혼하기로 결정함에 있어 가장 힘들고 스트레스 받는 것 3가지는 무엇입니까?

10) 독서하는 습관이 있다면 어떤 책을 얼마나 자주 읽습니까?(모두 표시해 주세요.)

①주제: 성경, 신앙생활, 가정, 자녀교육, 관계, 물질, 취미, 신문, 그리고 자신의 직업과 관련된 책

② 횟수: 매일, 일주일에 2-3번, 한 달에 3-4번, 1년에 5-6번, 거의 안 읽음

> **특별 질문**
> - 가족들이 함께 어떤 비전을 이루어 가고 싶습니까?
> - 파트너의 비전, 삶의 방식과 생활 습관에서 가장 염려되는 부분은 무엇입니까?

8 결혼 생활의 롤 모델

1) 자신이 롤 모델로 삼고 싶은 가정이 있습니까? 있다면 그 가정의 어떤 모습이 롤 모델로 삼고 싶게 했습니까?

2) 자신이 롤 모델로 삼고 싶은 가정을 방문하거나, 롤 모델로 삼은 가정의 가족들과 지속적인 만남을 갖기 위해 어떤 노력을 하고 있습니까?

3) 자신이 닮고 싶지 않은 가정은 어떤 가정이며, 그 이유는 무엇입니까?

4) 자신은 부모님의 부부생활 중에 닮고 싶은 부분은 무엇이며, 닮고 싶지 않은 모습은 무엇입니까?

5) 결혼을 준비하면서 성경적인 결혼관, 성경적인 가정관을 비롯해 성경적인 결혼생활에 필요한 교육을 받은 적이 있습니까? 혹시 성경적인 결혼생활에 대해 교육 받은 적이 없다면 배우고 싶습니까?

6) 부모님에게 가정의 중요성과 결혼에 대한 중요성, 그리고 성 생활 등 실제적인 결혼 생활에 대해 제대로 교육을 받은 적이 있습니까?

7) 결혼 전이나 후에 부모님이나 영적인 리더들에게 가장 많이 배우고 싶은 부부 생활과 가정에 대한 실제적인 부분은 무엇입니까?

8) 결혼 후에도 부모님에게 의존할 부분이 있다고 생각합니까? 만약 부모님에게 의존할 부분이 있다면 어떤 부분에서 어느 정도를 의존하게 될 것 같습니까?

9) 배우자에게 어떤 배우자가 되고 싶으며, 배우자는 당신에게 어떤 배우자가 되기를 원합니까?

10) 행복한 결혼생활을 도와줄 가족, 멘토, 영적인 리더, 그리고 친구들이 있습니까?

- 결혼 후 자녀를 낳으면, 자녀들에게 어떤 가정을 물려주고 싶습니까?
- 파트너의 가족들과의 관계나 가정생활에서 가장 염려되는 부분은 무엇입니까?

9 결혼 생활에서 부부가 이해하고 있어야 할 서로에 대한 기초적인 지식

1) 자신이 어느 정도로 가정적이라고 생각합니까?(모두 표시해 주세요.)

   ① 가족들과 친밀하게 지내며, 자주 대화합니다.
   ② 가사를 적극적으로 참여하고 돕습니다.
   ③ 가족들의 기념일과 모임에 잘 참석합니다.
   ④ 가족들을 잘 챙기고 돕습니다.
   ⑤ 가족 외의 사람들을 잘 챙깁니다.
   ⑥ 가족들과 다른 사람들을 모두 잘 안 챙기는 편입니다.

2) 자신이 참여하고 있는 모임들은 무엇이며, 자주 만나는 친구나 사람들은 누구입니까?

3) 평소에 자주 하는 취미생활은 무엇입니까? 또 혼자만의 시간에 가장 많이 하는 일들, 쉬는 날에 가장 많이 하는 것은 무엇입니까?

4) 스트레스를 받지 않기 위한 방법들과 스트레스를 받았을 때 푸는 방법은 무엇입니까?

5) 자신이 살고 싶은 지역이나 살고 싶은 집에 대한 취향, 그리고 집 꾸미기에 대한 자신만의 취향(색깔, 구조, 물건 등)은 무엇입니까?

6) 자존심이 상하는 때, 우울해지는 때, 화가 많이 나는 때, 삶이 무의미해질 때는 각각 언제입니까?

7) 자신이나 배우자에게 허용할 수 있는 외박은 어떤 상황인지 아래의 보기에 모두 표시해 주세요.

   ① 가족 방문   ② 선교를 비롯한 교회 활동
   ③ 출장   ④ 가족 외의 사람들과의 여행   ⑤ 제한 없음

8) 자신이나 배우자가 외출할 때의 복장(머리, 옷, 신발, 가방, 화장품, 향수 등)과 가정 내에서의 복장이 어떠해야 한다고 생각합니까?

9) 결혼 후 배우자에 대한 호칭을 어떻게 할 것이며, 다른 사람들에게 배우자를 어떻게 소개할 생각입니까?

10) 결혼 후 성씨나 이름 변경을 어떻게 할 생각입니까? 또한 생일이나 결혼기념일에 어떻게 보낼 생각입니까? 결혼 후 가족들 외에 부부가 함께 만나고 싶은 사람들은 누구입니까?

> **특별 질문**
> - 결혼 후 서로에 대해서 어떻게 알아가고, 어떻게 맞춰가고 싶습니까?
> - 파트너의 삶(과거, 현재)에서 가장 의심이 되고, 염려가 되는 부분은 무엇입니까?

10 결혼 생활을 방해하거나 깨뜨릴 수 있는 문제들

1) 파트너와의 관계가 깨지거나 결혼 후 부부관계가 깨어질 만한 비밀을 가지고 있습니까?

2) 다른 여자에게 임신을 시킨 적이 있습니까?(남자), 임신했던 적이 있습니까?(여자) 또한 약혼이나 결혼, 또는 동거를 했던 적이 있습니까? 혹시 파트너가 모르는 자녀가 있습니까?

3) 과거에 교제했거나 동거했던 사람들과 지금도 만남을 갖고 있습니까? 그 사실을 파트너가 알고 있습니까?

4) 자신이 부모에게 많이 의존하는 Mama Boy이거나 Mama Girl이라고 생각합니까?

5) 자신이 과거에 중독되었었거나 현재 중독된 것이 무엇인지 보기 중에서 해당되는 것 모두 표시해 주세요.

  ① 마약 ② 약물 ③ 도박 ④ 술 ⑤ 담배 ⑥ 포르노나 성
  ⑦ 게임이나 인터넷 ⑧ 쇼핑 ⑨ 일 ⑩ 취미나 기타

6) 중독은 아니지만 마약을 구입해 본 적이 있거나 마약을 직접 해 본 적이 있습니까?

7) 중독 수준은 아니지만 현재 술을 마시거나 담배를 피웁니까? 만약 배우자가 술과 담배를 끊기 원하면 끊을 수 있습니까?

8) 총기와 관련된 직업이 아님에도 총기를 가지고 있거나 총 쏘는 것을 좋아합니까?

9) 범죄 경력이나 범죄 집단에 가입한 적이 있습니까? 있다면 어떤 범죄를 저질렀습니까?

10) 현재 보증을 선 것이나 재정적인 빚이 있습니까? 만약 빚이 있다면 얼마 정도입니까?

11) 결혼 후 경제적으로 어려운 상황에 처했을 때, 건강하다면 가족들을 먹여 살리기 위해 무엇이든 할 각오가 되어 있습니까?

12) 감정적으로 절제하지 못하거나 폭력 성향 등의 성격장애, 분노조절 장애 등이 있습니까? 우울증을 비롯한 정신적인 질병이 있습니까?

13) 지금까지 살아오면서 성적인 학대 경험이 있거나 스킨십(과도, 과소) 문제, 성적인 변태 성향이 있습니까?

14) 동성애자나 양성애자가 아닌 이성애자입니까? 혹시 과거에 동성애자나 양성애자로 살았던 적이 있습니까?

15) 결혼 후 성관계 없이 살고 싶은 마음이나 스와핑 등 다른 사람과도 자유롭게 성관계를 할 마음이 있습니까?

16) 의처증(의부증)과 같이 사람에 대한 집착, 특정한 것(신앙, 사람, 물질 등)에 대한 집착, 강박증, 결벽증, 대인 기피증, 완벽주의 등의 성향이 있습니까?

17) 자신의 가정사(심각한 마음의 상처(가정 폭력, 트라우마 등), 부모나 가족들과의 관계의 문제, 고아나 입양, 가족들의 질병, 가족들이 하는 일, 가족들의 범죄 경력 등)에 결혼에 문제가 될 만한 요소가 없습니까?

18) 파트너에게 결혼 후에 문제가 될 만한 거짓말을 했거나 파트너를 속이고 있는 것이 있습니까? 혹시 리플리 증후군(반복적으로 거짓말로 자신과 사람 관계, 일 등을 포장하는 사람)과 같은 성향이 있습니까?

19) 이혼의 사유가 될 수 있다고 생각하는 문제가 무엇인지 보기 중에서 해당되는 것 모두 표시해 주세요.

① 간음 ② 신앙문제 ③ 학대나 폭력 ④ 가정 문제 ⑤ 경제적인 문제
⑥ 중독이나 범죄 ⑦ 정신질환이나 거짓말 ⑧ 심각한 성격차이 ⑨ 변태 성욕 ⑩ 기타

20) 이 외에도 결혼생활을 방해하거나 부부관계를 깨지게 할 만한 것들은 무엇이 있다고 생각합니까? 그리고 혹시라도 자신에게 있다면 무엇입니까?

특별 질문

- 배우자와 평생을 행복하게 살기 위해 함께 어떤 노력을 하고 싶습니까?
- 파트너와 결혼을 한다고 생각하면 가장 염려되는 부분은 무엇입니까?

♥ 결혼하기 전이나 결혼식에서 파트너에게 읽어주면 좋을 고백서

● **신앙 고백서**(예수 그리스도를 믿고 구원 받았는지, 현재의 신앙생활, 그리고 결혼 후 가정에서의 신앙생활을 어떻게 하고 싶은지 등등)

● **사랑 고백서**(파트너와 결혼하기를 원하는 이유와 결혼 후에 어떻게 살고, 어떤 가정을 만들고 싶은지 등)

청년들을 위한 결혼생활 안내서 | 이론편과 실천편

2020년 10월 20일 초판 발행

지은이 | 김환동

편집과 디자인 | Kay Jung
펴낸곳 | (사)기독교문서선교회
등록 | 제16-25호(1980.1.18)
주소 | 서울특별시 서초구 방배로 68
전화 | 02-586-8761~3(본사) 031-942-8761(영업부)
팩스 | 02-523-0131(본사) 031-942-8763(영업부)
이메일 | clckor@gmail.com
홈페이지 | www.clcbook.com
송금계좌 | 기업은행 073-000308-04-020 (사)기독교문서선교회

ISBN 978-89-341-2202-9
ISBN 978-89-341-2050-6 set

이 도서의 국립중앙도서관 출판예정도서목록(CIP)은 서지정보유통지원시스템 홈페이지(http://seoji.nl.go.kr)와 국가자료종합목록 구축시스템(http://kolis-net.nl.go.kr)에서 이용하실 수 있습니다.
(CIP제어번호 : CIP2020037222)

※ 낙장. 파본은 교환해 드립니다.(The damaged (tears, missing pages, etc.) book will be replaced.)
※ 신저작권법에 의하여 보호를 받는 저작물이므로 무단복제를 금합니다.
    (Copying without prior autorization is strictly prohibited.)

이 책의 저작권은 김환동 목사와 L.G.E.S.가 소유합니다.
Copyright ⓒ 2020, by Hwan Dong Kim & L.G.E.S. All rights reserved.